RECUEIL
DES
HISTORIENS DE LA FRANCE

———

OBITUAIRES

SÉRIE IN-8°

RECUEIL

DES

HISTORIENS DE LA FRANCE

PUBLIÉ

PAR L'ACADÉMIE DES INSCRIPTIONS ET BELLES-LETTRES

OBITUAIRES

SÉRIE IN-8°

VOLUME V

PARIS

ACADÉMIE DES INSCRIPTIONS ET BELLES-LETTRES

DIFFUSION DE BOCCARD

11, rue de Médicis, 75006 Paris

2002

L'OBITUAIRE
DE
SAINT-MICHEL-SUR-ORGE

PUBLIÉ SOUS LA DIRECTION DE

JEAN FAVIER
Membre de l'Académie des inscriptions et belles-lettres

PAR

NICOLE LEMAITRE
Professeur à l'université Paris I-Panthéon Sorbonne

PARIS

ACADÉMIE DES INSCRIPTIONS ET BELLES-LETTRES

DIFFUSION DE BOCCARD

11, rue de Médicis, 75006 Paris

2002

ISBN : 2-87754-127-4

AVANT-PROPOS

L'obituaire de Saint-Michel-sur-Orge est un document paroissial, et c'est une première originalité. Les obituaires ont tout naturellement assuré le déroulement de la prière pour les morts au sein de communautés religieuses légitimement soucieuses de garder mémoire de leurs membres. L'obituaire était à sa place naturelle dans les abbayes et les prieurés, les chapitres et les commanderies. Cette place était moins marquée dans un village. Voici cependant un obituaire rédigé, et sans doute sans s'appuyer sur un texte antérieur, au milieu du XVIe siècle dans une modeste paroisse du Hurepoix. Au plus s'y est-on, peut-être, inspiré de la pratique du prieuré de Longpont. La date du document est elle-même révélatrice. Elle conforte l'idée selon laquelle, à la veille des grandes prédications de la Réforme, les fondations perpétuelles de la sorte se multiplient en des régions où elles n'étaient pas usuelles au bénéfice des églises séculières.

Il faut savoir gré à Nicole Lemaitre d'avoir, en prologue à l'édition du texte, souligné, en les situant judicieusement au regard de documents appartenant à d'autres aires culturelles, les apports de l'obituaire de Saint-Michel-sur-Orge. Avec l'histoire du village et de ses habitants, il permet d'entrevoir l'organisation de l'espace rural et de son économie. Il fonde une analyse, certes limitée, de sa démographie pendant le temps de trois générations. Il laisse approcher les pratiques religieuses et l'idée qu'on se fait au XVIe siècle des cheminements vers le Salut et en particulier du Purgatoire.

Le temps passe. En 1715, on tente de réduire les services dus par le curé. Pour vaine qu'elle soit parce que l'archevêque ne répond pas, cette tentative d'une simple communauté d'habitants, qui demeure consciente de son obligation de prière consécutive à des fondations mais n'en souhaite pas moins alléger la charge de son curé, qu'accable le poids des services dus pour ces fondations. Quelques dépouillements dans les archives notariales permettent à Nicole Lemaitre de faire apparaître au milieu du XVIIe siècle déjà, avec le renouvellement des familles et les lacunes délibérées de la mémoire, le devenir hasardeux des fondations de la sorte et celui d'une obligation de conscience.

En cela, aussi, un obituaire paroissial diffère d'un obituaire monastique ou capitulaire. Pour les moines comme pour les chanoines, l'appartenance à la communauté suffit à créer le lien spirituel entre les générations. Dans le village, c'est la famille. Et Paris est bien près du Hurepoix. Un tel voisinage suffit à perturber les anciennes continuités. Le Hurepoix fournit son contingent de nouveaux Parisiens. Le village de vignerons devient un village de nourrices. De nouveaux investisseurs se manifestent, et qui achète une terre ne se sent pas comptable de l'âme des anciens propriétaires. On amortit la rente.

Le document que voici est modeste, comme l'est la paroisse. Sa lecture conduit bien au-delà de la paroisse.

Jean FAVIER

INTRODUCTION

I. La paroisse de Saint-Michel-sur-Orge
du milieu du XVIe au début du XVIIe siècle

S AINT-MICHEL est aujourd'hui une ville de la banlieue sud de Paris. Submergée comme tant d'autres par le formidable développement urbain de la seconde moitié du XXe siècle, elle conserve pourtant un quartier ancien qui évoque encore le monde agricole du siècle passé. Ce quartier, organisé autour d'une rue sinueuse, où effleure toujours quelque chose de la France provinciale d'antan, est la survivance d'un petit village typique du Hurepoix d'autrefois, niché à flanc de coteau dans la vallée de l'Orge, une rivière aujourd'hui renaissante de la rive gauche de la Seine, en amont de Paris. La découverte d'un obituaire, document oublié des archives de son église [1], permet de retrouver les temps lointains où les vignes escaladaient les pentes, où la fabrication du vin occupait ses habitants d'un bout à l'autre de l'année pour abreuver les parisiens. L'obituaire, qui rassemble les fondations pour le repos de l'âme de nombreux défunts du village, nous conte en effet l'histoire d'un monde singulier, celui de la Renaissance et de la Réforme vues du côté vigneron, à la veille des guerres de Religion.

Le village de Saint-Michel-sur-Orge, – telle est déjà sa dénomination officielle, selon un arrêt du Parlement de Paris de 1566 qui ordonne de

---

1 Manuscrit de l'église de Saint-Michel, cote B, pièce 2, redécouvert en 1985 par le père Martinet, curé de Saint-Michel. Ce cahier de 60 feuillets est aujourd'hui déposé aux archives départementales de l'Essonne, sous la cote 1 J 193. On trouve une présentation matérielle précise du document dans les articles de Yves Pommereau sur l'histoire de la paroisse dans *La voix de Saint-Michel*, mars, juin 1985 et août 1987-avril 1989 (10 numéros). L'essentiel en a été repris dans *Saint-Michel. Mille ans d'histoire*, tome I, rédigé par Marcel et Annie Simond et Yves Pommereau, Saint-Michel, 1992, p. 30-32. Il faut remercier les personnes citées et Michel Vannier d'avoir bien voulu faciliter la mise à la disposition de l'obituaire à tous les chercheurs, en plaidant pour le dépôt de celui-ci.

payer les dîmes au prieur de Longpont [1] –, ne compte encore que quatre-vingt-un feux en 1709 et quatre cent seize habitants en 1726. La croissance du XVIIIᵉ siècle l'amènera à cent vingt-quatre feux et quatre cent soixante habitants en 1789. La paroisse existait sans doute au XIᵉ siècle, car, selon un acte copié en 1631 puis en 1698, l'évêque de Paris, Renaud [2] accordait le 31 janvier de l'an Mil au seigneur de Launay, Jean Labbé, un prêtre pour desservir une chapelle, construite probablement lors des défrichements. Selon cet acte, la paroisse versait deux setiers [3] de grains (l'un de blé et l'autre d'avoine) à l'évêque et le seigneur devait subvenir aux besoins du prêtre sur les revenus de son domaine. Cette redevance fut donnée par l'évêque au prieuré clunisien de Longpont en 1192, en même temps que le droit pour les moines d'y exercer la charge d'âmes. Au même moment, les seigneurs de Linas cédaient à leur tour aux moines des dîmes levées sur le terroir de Saint-Michel [4].

Au XVIᵉ siècle, le village dépend du bailliage et de l'élection de Paris. Pour l'administration épiscopale, il se trouve dans l'archidiaconé de Josas. Depuis 1486, la collation de la cure appartient à nouveau complètement à l'évêque, et le curé, un prêtre séculier désormais, reçoit la dîme du vin. Le seigneur de Launay, qui reste le patron de la paroisse, c'est-à-dire qu'il possède le droit, lucratif, de présenter à l'évêque des candidats à la charge d'âmes, réaménage alors ses rapports avec la cure en lui concédant des biens fonciers : dix arpents de vigne et cinq de prés ; le curé lève le tiers des dîmes et livre les deux traditionnels setiers de grains, mais il doit subvenir par lui-même à son

---

1   A.N., X1ᴬ 1618, fol. 108, 26 juin 1566.

2   Renaud de Vendôme, évêque de Paris de 991 à 1016.

3   Selon une décision royale, le setier de Paris était à la même mesure pour le blé et pour l'avoine entre 1557 et 1564, mais il est probable qu'il s'agit ici des mesures anciennes, soit 1,56 hl pour le blé et 2,73 hl pour l'avoine. Voir Jean Jacquart, *La crise rurale en Ile-de-France. 1550-1670*, Paris, 1974, p. 34-38. La remarque ne vaut naturellement que si ces deux setiers sont versés à la mesure de Paris, ce qui n'est pas certain.

4   Saint-Michel, *op. cit.*, p. 15 *sq.* Abbé Jean Lebeuf, *Histoire de la ville et de tout le diocèse de Paris*, t. IV, Paris, 1883, p. 357. – En 1226, le prieuré de Longpont a encore accentué son emprise sur le village, en échangeant avec les hospitaliers de Saint-Jean-de-Jérusalem, des dîmes à Corbeil contre des cens et la justice à Saint-Michel : Dietrich Poeck, *Longpont, ein cluniacensisches Priorat in der Ile-de-France*, Munich, 1986, p. 40-41 (Münstersche Mittelalter-Schriften, 38), II, p. 41, acte 26.

entretien. En 1504, la seigneurie de Launay appartient à Jacques Allegrin II ; à la fin du XVIᵉ siècle (avant 1598), elle passe à Jérôme d'Escamin, dont le fils, Louis, est auditeur des comptes en 1618 [1]. Au XVIIᵉ siècle, si l'on en juge par le nombre de procédures concernant la seigneurie de Saint-Michel, celle-ci est très disputée. Elle est revendiquée à la fois par le seigneur de Launay, par celui de Plessis-Paté et par celui de Brétigny ; les droits de justice semblent particulièrement motiver d'âpres compétitions [2]. Rien de ces luttes opiniâtres du Grand Siècle n'apparaît dans la documentation du milieu du XVIᵉ siècle, dans laquelle le seigneur n'est présent que par les confronts de ses propriétés.

Sous l'Ancien Régime, le village de Saint-Michel est organisé comme presque tous ses voisins autour d'une rue circulant à mi-pente d'un coteau assez raide, bien exposé dans une échancrure créée par l'écoulement d'un modeste rû, le Blutin. Cette situation lui permet de profiter de trois terroirs complémentaires : le plateau à soixante-quinze – quatre-vingts mètres, le versant et le fond de la vallée, à trente – quarante mètres. Sur le plateau, des affleurements de meulière plus ou moins compacte, emballés dans de l'argile sableuse et posés sur une couche de marnes servent de fondement géologique aux terrains agricoles. Les sols sont tantôt bons, lorsque les limons éoliens surmontent les sables ou l'argile, tantôt pauvres, lorsque le limon est absent ou que la meulière, imperméable et stérile, provoque la formation de mares. Dans le premier cas, le blé vient bien, dans le second, la forêt règne. Sur les villages voisins, de Sainte-Geneviève, Morsang, Villemoisson, la forêt de Séquigny couvre encore mille quatre cents arpents (plus de sept cents ha) au début du XVIIIᵉ siècle [3].

---

1 *Paroisses et communes de France. Dictionnaire d'histoire administrative et démographique*, Paris, 1974, p. 256. Jean Lebeuf, *op. cit.*, p. 357. C'est probablement le même qui a fondé quatre messes hautes, comprises parmi les nouvelles fondations du XVIIᵉ siècle dans le projet de réduction des services de 1715, n° 73.

2 Voir par exemple les extraits de terriers des années 1448, 1565, 1600, 1643 fournis à l'appui des prétentions du seigneur de Brétigny, arch. dép. Essonne, 4 J 19. Quelques actes du XVIIᵉ siècle sont conservés dans le minutier de Monthléry, arch. dép. de l'Essonne, 2 E 62, 216.

3 F. Périn, *La forêt de Sequigny ou de Sainte-Geneviève*, Paris, 1903, p. 24.

Dans la vallée, en contrebas du village, l'Orge serpente paresseusement. La rivière se fractionne en quantité de bras, fluctuant au gré des inondations, les boëlles, bordées de saules, d'osiers et de peupliers ; elles fournissent des prairies naturelles, précieuses en ces temps où l'on ne sait pas cultiver l'herbe. Le village s'est installé à l'abri de la zone inondable. Le coteau s'élève de quarante à soixante-quinze mètres ; bien exposé ouest-sud-ouest, au soleil couchant, il est couvert de vignes et celles-ci jouent un rôle important dans notre document [1]. Le lieu-dit les Grouettes, fréquent dans l'obituaire, ne trompe pas. Saint-Michel est non seulement bien exposé, mais également établi sur un sol favorable à la vigne, la terre de grou – ou grouette –, composée de sables de Fontainebleau, mêlés d'argile de décalcification et de pierraille de calcaire de Brie. Au surplus, les bords de la rivière fournissent l'osier pour la vannerie et pour les liens (en osier rouge surtout, plus souple) ; la forêt proche rend aisée la fourniture en futailles et surtout en échalas de châtaigniers et de chêne [2].

La vigne est une culture ancienne à Saint-Michel : les revenus du curé sont en effet fondés sur cette seule culture, depuis le XIIᵉ siècle au moins. Il est plus que probable que la domination du prieuré de Longpont sur la paroisse est largement responsable du développement de la vigne, ici comme ailleurs, mais l'obituaire ne nous dit rien de l'histoire des cultures. La viticulture de Saint-Michel n'a rien d'exceptionnel en fait : tous les villages des environs possèdent des

---

1   La présence de vignes n'a rien d'original. La carte des chasses montre qu'au XVIIIᵉ siècle, tous les versants bien exposés de la vallée de la Seine et de ses affluents en cultivent ; la viticulture prend même des allures de monoculture là où la vigne vient le mieux. La vallée de l'Orge est cependant moins couverte de vignes que les versants orientés à l'est (en principe les meilleurs) de la côte de l'Ile-de-France, quelques lieues plus à l'ouest, tout au long de la route de Paris à Orléans ; les vins de Montlhéry sont plus renommés que ceux de Saint-Michel, mais le village appartient sans conteste au vignoble parisien. Au XVIᵉ siècle, celui-ci est particulièrement étendu, en raison des besoins de la capitale (la ville alors la plus peuplée d'Europe), car le vin se transporte encore très mal. Le vignoble parisien survivra jusqu'à la crise du phylloxéra, mais les vins du nord de Paris, d'Argenteuil, de Suresnes, de Deuil et de Meulan étaient déjà célèbres au Moyen Âge, tandis qu'aucun document n'atteste la qualité particulière du vin de Saint-Michel. Voir Marcel LACHIVER, *Vin, vigne et vignerons en région parisienne du XVIIᵉ au XIXᵉ siècle*, Paris, 1982.

2   Saint-Michel, *op. cit.*, p. 190-191. Dans la région parisienne, les échalas sont en général de 4 pieds de haut (1,30 m), cf. Marcel LACHIVER, *op. cit.*, p. 47.

vignobles et les traditions concernant la vigne sont nombreuses : ne disait-on pas encore au début du XXᵉ siècle que les vins de Brétigny font « danser les chèvres » [1] ?

Le vignoble donne à notre village cette tonalité particulière des sociétés vigneronnes, car la vigne « culture des régions pauvres est aussi la culture des pauvres gens des régions les plus riches » [2]. La viticulture exige une forte main-d'œuvre mais fournit un produit de commercialisation directe. C'est une production à forte valeur ajoutée, valorisée par la proximité du plus gros marché de consommation de France, Paris [3]. Grâce à la vente du vin, les paysans de Saint-Michel accèdent aux circuits commerciaux et à l'échange d'argent liquide, ce qui explique la relative facilité des habitants à prévoir des fondations dont ils savent qu'elles seront payées assez facilement en argent liquide par leurs héritiers. Le bon rapport des vignes dans la région est souligné par le prix élevé des parcelles à notre époque, juste avant que les malheurs des guerres de Religion ne remettent partiellement en cause cette prospérité [4].

Du lieu où ces fondations ont été faites, l'église, il ne reste rien. L'église de Saint-Michel a en effet été rebâtie en 1866 [5]. Celle-ci possède pourtant quatre magnifiques vitraux du début du XVIᵉ siècle, dans le style des Pinaigrier, mais on ne sait d'où ils proviennent. Ils sont tout ce qui reste des douze verrières qui subsistaient avant la démolition de l'église médiévale. Au moment de la rénovation de l'église, en 1701, douze vitraux « …douze histoires différentes en

1 Cité par L. Mourgeon, *Histoire d'une commune française. Sainte-Geneviève-des-Bois*, dans *Votre Ville*, supplément au n° 4, mars 1969, p. 9.

2 Jean Tricart, *La culture fruitière dans la région parisienne*, t. II, Paris, 1950, p. 1-150.

3 Sur le poids de Paris, voir les travaux de l'École doctorale de l'université Paris-Nord : *À l'ombre de Paris. Les échanges entre Paris et ses périphéries (XIVᵉ-XVIIIᵉ siècle)*, Paris, 2001.

4 Voir par exemple l'évolution du prix des vignes à Boissy-sous-Saint-Yon : Jean Jacquart, *op. cit.*, p. 772.

5 L'église médiévale avait déjà fait l'objet d'une sérieuse remise en état entre 1698 et 1701, avec l'aide du seigneur de Launay, Bardon de Morange, qui, en tant que décimateur, a payé la réfection du chœur et de la charpente et offert plusieurs œuvres d'art. En 1866, le curé fait appel à l'aide des bienfaiteurs pour construire une église plus belle et plus grande que l'église médiévale dégradée, dans le *Bulletin religieux du diocèse de Versailles*, le 25 février 1866, n° 35, p. 12. Cet appel a hélas été entendu.

ouvrage de verre peint à l'antique. Lesquelles histoires, bien complètes, biens réparées de toutes les pièces de verre... » avaient été commandés au verrier parisien Benoît Michu. D'où tenait-il ces verrières d'occasion ? Le mystère restera entier tant que nous ne retrouverons pas les minutes notariales de la transaction. Quoi qu'il en soit, ces vitraux viennent de la région et datent des générations qui ont rédigé l'obituaire ; elles permettent donc, en dépit des restaurations successives de se faire une idée de l'ambiance lumineuse d'une église de campagne, dans des couleurs chatoyantes et des perspectives ouvertes sur un autre monde [1].

II. L'obituaire de Saint-Michel

L'obituaire de l'église de Saint-Michel a été rédigé vers 1550, si l'on en juge par les quittances des marguilliers pour les années 1554-1555, inscrites au fol. 54. En 1715, une tentative de réduction des services nous apprend que le document est considéré comme étant de 1554. Le manuscrit actuel a été remonté et relié en 1779. Il manquait alors neuf feuillets, qui sont signalés dans le manuscrit comme étant en déficit. Celui-ci contient dès lors cinquante-quatre feuillets, auxquels s'ajoutent six feuillets portant une liste de trente-quatre rentes dues à l'église de Saint-Michel. Est-ce le premier obituaire de la paroisse ? Aucune allusion ne permet d'établir l'existence d'un obituaire ancien recopié

---

1   Louis Grodecki, *Les vitraux de Paris, de la région parisienne...* (*Corpus vitrearum Medii Aevi*), vol. 1, Paris, 1978, p. 84. Les vitraux, mal remontés au XIXe siècle, ont été longuement restaurés : M. et Mme Simond, « Les vitraux de l'église de Saint-Michel », dans *Saint-Michel, ma ville*, août, 1983. Les scènes de l'Ancien et du Nouveau Testament se renvoient l'une à l'autre en des rapports complexes qui correspondent bien au goût de la Renaissance pour la Bible mais aussi pour les emblèmes et les rapports entre les temps et les lieux. On trouve un vitrail représentant le serpent d'airain (registre supérieur) et la sortie d'Égypte ; un autre vitrail présente la crucifixion (registre supérieur) et la dernière cène. Dans un troisième, le registre supérieur représente l'Apocalypse de saint Jean et Moïse sauvé des eaux au registre inférieur. Sur le quatrième, se trouve une résurrection du Christ et une scène beaucoup plus mystérieuse du Nouveau Testament.

dans celui-ci, ainsi qu'il était souvent d'usage [1]. Les malheurs de la paroisse pendant la guerre de Cent Ans plaident plutôt pour un document sans ancêtre, bien que la longue emprise du prieuré clunisien de Longpont laisse penser qu'il existait dans cette paroisse une habitude ancienne de la prière pour les morts. On sait en effet que la commémoration des défunts est une tradition issue de l'ordre monastique et que les moines ont largement promu les fondations de messes pour les morts et leur inscription dans un registre particulier. Il est cependant impossible de trancher. Nous sommes un peu mieux renseignés sur le devenir du service des morts par la suite. Après 1554, l'obituaire a été complété, comme le montrent quelques notices et plus encore les aménagements des rentes en fonction des mutations monétaires. Mais la poursuite de l'inscription des fondations n'a rien de comparable avec ce que l'on observe par exemple à Warnant, près de Liège, ou à Frizet, près de Namur [2].

Une réduction des services est donc tentée en 1715. Le manuscrit qui nous relate cette tentative, en très mauvais état, nous permet de percevoir les usages et le devenir de notre obituaire du XVIe siècle [3]. Ce nouveau cahier contient la copie d'une délibération de la communauté des habitants, en présence du curé, des marguilliers et de la majeure partie des habitants, selon les formules habituelles donc. On a ajouté à celle-ci une proposition de réduction des services obituaires en 82 articles, suivie de la copie d'une commission d'enquête ordonnée le 16 août 1715 par l'archevêque de Paris, le cardinal de Noailles, pour le curé de Saint-Vrain, Le Marquant. Ce dernier a repris la liste proposée par les habitants, mais l'ordonnance de réduction n'a jamais été envoyée, si l'on en juge par les propos désabusés du curé Rebut à la fin de cette copie : « Voyant que je m'étois donné bien des peines pour cela sans réussir, je me suis rebutté et j'en ay abandonné la poursuite et me

1   Jean-Loup LEMAITRE, *Répertoire des documents nécrologiques français*, Paris, 1980. Introduction, *passim*.

2   Hadrien KOCKEROLS, *L'obituaire de Warnant*, Marneffe, 1993 : des mentions d'obits y sont intégrés de 1472 à 1643. Léopold GÉNICOT, *Une source mal connue de revenus paroissiaux : les rentes obituaires. L'exemple de Frizet*, Louvain, 1980. Rédigé vers 1350, il a recueilli les fondations jusqu'en 1580 puis a servi à assurer la perception des droits paroissiaux.

3   Arch. dép. Essonne, 1 J 203. En raison de l'état du document, dont le papier se décompose, il faut désormais le consulter en microfilm : 2 Mi 55.

suis contenté d'aquitter les fondations à ma conscience, suivant le nécrologe qui est dans la sacristie. » Celui-ci y est demeuré jusqu'à nos jours, avant d'être déposé le 4 décembre 1991 par le père Martinet aux archives départementales de l'Essonne.

L'obituaire du XVIe siècle, improprement appelé nécrologe [1] dans les documents du XVIIIe siècle, a donc servi la mémoire des habitants de Saint-Michel pendant plusieurs siècles, en soulignant régulièrement, tout au long du calendrier, les fondations faites pour le salut de l'âme d'un testateur et les services payés par les familles pour leurs morts. Ce livre est né de la foi des fondateurs au caractère propitiatoire du sacrifice de la messe, à sa capacité d'assurer un allègement des peines du Purgatoire pour les testateurs [2]. Nous trouvons ici la mention d'un geste religieux apparu déjà depuis le XIVe siècle dans le Midi, mais faiblement développé jusque-là dans les provinces septentrionales ; au point que des médiévistes se sont interrogés sur le développement tardif des fondations massives de messes au nord de la Loire [3].

Le livre de la commémoration des défunts

La commémoration des défunts est issue de celle des martyrs, pratiquée depuis le IIIe siècle au moins. À partir du Ve siècle, les morts de la communauté des fidèles sont cités au Canon de la messe romaine. Au XIe siècle, on fait mémoire des morts à la fois pendant le prône de la messe, dans l'*Oratio communis fidelium* en langue vulgaire, et au *Memento* du canon, lorsque le célébrant lit les noms des morts. Jusque-là, le clergé n'a fait que consigner ces noms dans de simples listes, que nous retrouvons parfois en marge des anciens sacramentaires.

C'est dans le monde monastique que se constitue un véritable livre, destiné à faire mémoire des morts après l'heure de prime, à l'office du chapitre. Les morts sont rangés à cet effet selon l'ordre du calendrier.

1 Le nécrologe est une liste de morts, tandis que l'obituaire est une liste d'obits, c'est-à-dire de fondations pour le repos de l'âme des défunts.

2 Pour la naissance de cette croyance, voir J. LE GOFF, *La naissance du Purgatoire*, Paris, 1981.

3 Catherine Vincent a essayé de résoudre ce problème : « Y a-t-il une mathématique du salut dans les diocèses du nord de la France à la veille de la Réforme ? », dans *Revue d'histoire de l'Église de France*, t. 77 (1991), p. 137-149.

Au XIIIe siècle, la mention des morts sous la simple forme de la commémoration à la messe ne suffit plus ; il faut aux fidèles des messes anniversaires : on substitue donc la messe fondée à la seule mémoire des noms. Les raisons de ce changement sont à chercher dans le triomphe de la croyance au Purgatoire et la redécouverte du testament. Dès la fin du XIIIe siècle, la foi en la valeur des messes pour les morts semble largement répandue et la fondation des messes entre dans la pratique commune des laïques fortunés des villes du Midi [1]. Jacques de Voragine affirme dans la *Légende dorée*, au jour des morts : « Parmi les suffrages qui sont les plus utiles aux âmes, figurent la prière des amis, les aumônes, l'immolation de la sainte Hostie et l'observation des jeûnes [2]. » Pendant longtemps, seuls les fidèles les plus riches pouvaient se payer pour l'éternité les prières des moines, des chanoines ou des Mendiants. Les fidèles ordinaires, enterrés dans leur paroisse, ont d'abord cherché, surtout lorsqu'ils disposaient de numéraire, à s'assurer des services immédiats (novennaire, annuel…), puis, la croissance économique aidant, ils ont également pu se payer des services annuels à perpétuité, presque aussi bien que les plus riches qui fondaient une chapellenie prévoyant l'entretien d'un prêtre à perpétuité [3].

La foi en l'effet propitiatoire de la messe provoque dès lors un gonflement des notices du calendrier. Elle donne naissance au livre d'anniversaires ou de distributions, rédigé par le pitancier en milieu monastique. Celui-ci rassemble non seulement les demandes de messes ou de prières, mais aussi les revenus attachés à cette demande. La fondation d'anniversaires est faite le plus souvent du vivant du testateur ; le livre rassemble côte à côte des morts, pour lesquels on dit des messes de Requiem, et des vivants qui se disposent à la mort, pour

---

1   Jacques CHIFFOLEAU, *La comptabilité de l'Au-delà. Les hommes, la mort et la religion dans la région d'Avignon à la fin du Moyen Âge*, Rome, 1980 (Collection de l'École française de Rome, 47). Michelle FOURNIÉ, « Le purgatoire dans la région toulousaine au XIVe et début du XVe siècle », dans *Annales du Midi*, 1980, p. 5-34 ; et surtout ID., *Le Ciel peut-il attendre. Le culte du Purgatoire dans le Midi de la France (1320 environ-1520 environ)*, Paris, 1997 (Histoire religieuse de la France).

2   JACQUES DE VORAGINE, *La légende dorée*, trad. T. de Wyzewa, Paris, 1929, p. 612.

3   Joseph AVRIL, « La paroisse médiévale et la prière pour les morts », dans *L'Église et la mémoire des morts dans la France médiévale*, Table ronde du CNRS, 1982, éd. par Jean-Loup LEMAITRE, Paris, 1986, p. 53-68 (Études augustiniennes).

lesquels on dit des messes du Saint-Esprit. Avant d'être proprement nécrologiques, les notices sont surtout des extraits de censiers ou de testaments. L'obituaire est donc un livre dont les notices sont organisées selon le calendrier liturgique et qui comportent les demandes d'anniversaires et les bases économiques de ce service [1].

Dans le cadre de la paroisse

Nous disposons ici d'un document assez rare, puisqu'il nous est parvenu relativement peu d'obituaires de paroisse. Les communautés régulières, les moines particulièrement, ont en effet largement accaparé ce genre de fondations ; elles ont aussi mieux conservé leurs archives que les paroisses. Sur l'ensemble du diocèse de Paris, 301 obituaires sont actuellement répertoriés. Parmi ceux-ci, 80, soit 26,5 % proviennent de paroisses, spécialement des grandes paroisses parisiennes, dans lesquelles il est vrai, l'obituaire n'est bien souvent qu'une composante des comptes de gestion. Des paroisses de la campagne, nous ne connaissons que douze manuscrits [2] ; il en reste six du XVIᵉ siècle ; les autres datant des XVᵉ et XVIIᵉ siècles, ce qui est cohérent avec ce que nous savons par ailleurs de l'essor des communautés d'habitants [3].

L'existence d'un tel livre dans une paroisse est la preuve de la confiance qu'on accorde au curé et à la fabrique, le signe d'une cohésion communautaire forte, en ce temps qui est justement en France l'âge d'or des communautés, entre la guerre de Cent Ans et les guerres de Religion. La paroisse y est perçue de façon indissociable comme étant une communauté d'habitants, une communauté de travail, mais également une communauté spirituelle. Le souci de cohésion est

1   Jean-Loup LEMAITRE, « Les obituaires témoins d'une mutation », dans *L'Europa dei secoli XI et XII fra novità e tradizione : sviluppi di una cultura, La Mendola, 1986,* Milan, 1989, p. 36-56.

2   Jean-Loup LEMAITRE, *Répertoire...* Il s'agit des paroisses de Saint-Nicolas de Corbeil (1504-1524), Goussainville (XVᵉ), Ivry (XVIIᵉ), Rosny (XVIIIᵉ), Saint-Denis (XVᵉ), Saint-Pierre-du-Perray (XVᵉ), Villiers-le-Bel (XVIᵉ), Bois-d'Arcy (XVIᵉ), Linas (1591), Louvres (1603), Saint-Michel (XVIᵉ), Saulx-les-Chartreux (1580).

3   Jean JACQUART, « Réflexions sur la communauté d'habitants », dans *Bulletin du Centre d'histoire économique et sociale de la région lyonnaise*, 1976, p. 1-25 ; repr. dans ID., *Paris et l'Île-de-France au temps des paysans*, Paris, 1990, p. 157-181.

d'autant plus affirmé, à Saint-Michel comme à Linas, que le décimateur principal est justement le prieuré clunisien de Longpont, qui disposait lui-même d'un obituaire. À Saint-Michel, ce sont d'ailleurs des quittances de marguilliers qui permettent de dater l'obituaire d'avant 1554.

Comme partout dans les paroisses du diocèse, les marguilliers gèrent les revenus des obits. Ils semblent s'être partagé l'année en deux semestres, si l'on en juge par le versement fait par Jacques Lambert (10 £13 s.8 d. par.) pour les gains courant de la Saint-Martin au 17 mars. Ils paient un prêtre pour assurer le service de ceux-ci. À Saint-Michel, le prêtre requis est tout simplement le vicaire. Les revenus de la fabrique ont atteint 32 £ 5 s. 3 d. par. en 1554, dont le marguillier Pierre Michau a versé 10 £ 4 s. 9 d. et Jacques Lambert 17 £. En 1552, les revenus n'étaient que de 26 £ 8 s. 10 d., et Richard Bolard avait payé 33 £ 1 s.t. Nous sommes à peu près au niveau des revenus de la fabrique de Wissous ; ces rentrées très faibles sont loin de permettre l'achat d'une cloche par exemple, pour laquelle il faut compter plus de cent livres [1].

Le relevé des propriétés et revenus de la fabrique, qui occupe trente-quatre articles (f. 55-60), fait une grande place aux profits issus de la fondation d'un curé généreux, Jacques Dabon, ces rentes étant assignées sur les terres de la cure (f. 56, art. 6). Les biens de la fabrique les plus rentables sont deux prés et deux terres (5 arpents en tout), qui sont affermées dans les années 1552-1554 à 36 sous par arpent (art. 13), soit 180 sous. Il faut y ajouter les diverses rentes portant sur des vignes (6), des terres (4), et une maison, qui montent à 50 s. 6 d. et portent les revenus annuels de la fabrique à 230 s. 6 d. Les rentes laissées par l'ancien curé sont mélangées par le rédacteur original mais dissociées par les remarques. Elles atteignent 203 s., soit presque autant que les revenus patrimoniaux de la paroisse.

La netteté et la précision des mentions comptables montre bien que l'obituaire est d'abord un document économique, mais il ne faudrait pas s'arrêter là. Un obituaire permet aussi de saisir les représentations symboliques du groupe qui le fait rédiger. Celles-ci aident la communauté à se replacer dans le temps et l'espace, dans ce qui

---

1 Jean Jacquart, *La crise rurale...*, *op. cit.*, p. 90-95.

constitue son environnement immédiat. Or si, pour les hommes de ce temps, le monde des vivants ne se dissocie pas de celui des morts, ce sont les vivants seuls qui font mémoire de leurs morts et ils le font à partir de leur expérience quotidienne du monde d'ici-bas. Parce qu'il organise la communion des vivants et des morts d'un groupe humain, l'obituaire permet ainsi d'observer l'espace vital de ce groupe, au moins pour les familles fondatrices, c'est-à-dire celles qui ont pu payer : les plus riches. La société de la prière pour les morts est aussi inégalitaire que celle des vivants, mais on ne doit pas oublier qu'en ce milieu de XVIe siècle comme à l'époque médiévale, seul le riche doit faire prier pour le salut de son âme ; l'âme du pauvre qui accepte son sort est automatiquement sauvée en Christ, auquel tout pauvre reste identifié, et particulièrement tout pauvre stable, bien enraciné dans la communauté [1].

III. Le village et ses voisins

L'environnement humain

Cette collectivité humaine qu'est le village est aussi le centre d'un réseau de relations avec l'extérieur. L'extension de ce réseau est un bon indicateur de l'ouverture du village et de sa capacité à trouver des alliés. L'obituaire permet de reconstituer l'espace vital de Saint-Michel, les liens qui tissent son réseau de sociabilité avec ses voisins, liens qui sont fondés sur l'échange de la prière pour les morts tout autant que sur celui des conjoints. Les villages cités le plus souvent sont Montlhéry (quatre fois), Longpont, Chastres (c'est-à-dire Étampes), Plessis-Paté (deux fois). Les autres lieux n'apparaissent que dans une seule notice (Brétigny, Guipéreux, Nozay, Saux, La Ville-du-Bois, Villemoisson, Paris). À cet espace, on peut agréger les villages qui servent de référence pour la direction des chemins (Corbeil, Longjumeau, Marcoussis). Il s'agit là d'un horizon extrêmement restreint, accessible par aller-retour en moins d'une journée. Il est allongé le long de l'Orge

---

1   Michel Mollat (éd.), *Études sur l'histoire de la pauvreté (Moyen Age-XVIe siècle)*, t. II, Paris, 1974.

et du grand chemin de Paris à Orléans. Comme on pouvait s'y attendre, la rivière, « navigable » certains mois de l'année, au moins pour le flottage, et la route de Paris, la route du commerce du vin, sont particulièrement mis en valeur dans le document. La rivière et le chemin des échanges commerciaux contribuent donc à structurer l'espace villageois de façon prioritaire.

Les points de repère de l'espace villageois

Les autres chemins évoqués vont dans toutes les directions, sauf vers le nord-est, c'est-à-dire vers la forêt de Séquigny, dangereuse il est vrai, comme tous les espaces forestiers [1]. Aux voies qui mènent vers l'extérieur, comme les chemins de Marcoussis à « Longjumel » – Longjumeau – (41), de Longpont au Plessis-Paté (93), axes locaux de circulation, il faut encore opposer les chemins intérieurs : celui qui mène du village au fief des « Bordes Cotherets » (111), la voie des « Dagrons » (6, 15), la voie du « Fourt » (5) et celle de la fontaine de Guillerville (2).

Le grand intérêt de l'obituaire est également de nous livrer une toponymie fine du terroir. Le Saulger, Les Scentiers, Montaston, Les Meurgiers, Les Moynes Blancs, Les Loges, Launay, La Baste, les Grouettes, Culfroid, La Croix Bruissée, les Cordeaux. Les noms des lieux-dits des villages voisins sont également de grand intérêt, comme Couldegay à Brétigny (92), La Barbe du Foiche à Guiperreux, et surtout Rouillon à Nozay (43), un hameau qui va disparaître pendant les guerres de Religion [2]. L'indication des confins est soigneuse mais beaucoup trop discontinue pour faire l'objet d'une étude cohérente.

Nous en savons beaucoup plus sur les eaux, dont la proximité est particulièrement essentiel pour la vie quotidienne. Alors que les mares, pourtant nombreuses sur le plateau, apparaissent à peine dans le document, les fontaines sont pour nos villageois un point de repère important. Ces fontaines semblent aménagées pour les usages matériels et symboliques immédiatement utiles. Il y a celle du « carrefour » (5,

---

1   Jean JACQUART, « Un procès au village », dans *La France d'Ancien Régime. Études réunies en l'honneur de Pierre Goubert*, Paris, 1984, p. 317-323.

2   Jean JACQUART, *La crise rurale...*, *op. cit.*, p. 719.

113), à Saint-Michel, celle de Guillerville vers le sud (2, 10, 15), et surtout celle de Sainte-Geneviève, dont descend le ruisseau qui passe à Saint-Michel (4, 45, 78, 83, 84). Contrairement aux deux autres, celle-ci n'est pas simplement la fontaine du village du même nom. Isolée dans la forêt, sur le chemin de Fleury à Montlhéry ; elle est une bonne fontaine, objet depuis plusieurs siècles sans doute de dévotions individuelles et collectives pour les villages alentour.

Par contraste avec cette présence importante de la fontaine dans l'obituaire, on peut mesurer les effets de la lutte du clergé du XVIIIe siècle contre les vieilles sacralités au fait que toute mention de la fontaine de Sainte-Geneviève a disparu des plans du XVIIIe siècle. Lorsque l'abbé Lebeuf signale que les fidèles offrent à l'église de Sainte-Geneviève de grosses souches de cire aux statues de sainte Geneviève et de sainte Madeleine, il ne parle pas de la fontaine. La continuité du culte est pourtant assurée par une confrérie, approuvée par l'archevêque le 6 juillet 1671, mais le très janséniste abbé Lebeuf, pour lutter sans doute contre les risques de superstition, reste très discret sur le culte autour de la fontaine, alors qu'il nous rapporte les récits légendaires qui président à ce culte [1]. Or nous savons par la tradition orale collectée un siècle plus tard que les villages voisins venaient encore en pèlerinage à la fontaine, pour obtenir la pluie pour les cultures à la fin de l'Ancien Régime [2]. En signalant la fontaine dans leurs testaments, à l'occasion des fondations, les paroissiens du XVIe siècle livrent donc un lieu de culte bien fréquenté, essentiel pour ces petits vignerons. Le refus des élites à l'égard des bonnes fontaines et des sacralités n'est devenu, il est vrai, manifeste qu'à la fin du XVIIe siècle.

Le but de ces fondations n'est pas de parler de l'économie du village mais d'abord de faire mémoire de ceux qui ne sont plus, encore que le lien économique entre la terre des vivants et le monde des morts, de ceux qui paient pour faire prier et de ceux pour qui l'on prie, ne soit pas sans importance. Il faut ici se souvenir de l'extrême familiarité des villages de l'Ancien Régime avec leur cimetière. Celui-ci est encore

---

1   Abbé Lebeuf, *op. cit.*, p. 376.
2   Claude Seignolle, *Folklore du Hurepoix*, Paris, 1937, p. 261. Signalons en passant que cette fontaine, aujourd'hui prénommée « la grotte », existe toujours à Sainte-Geneviève-des-Bois, où elle reste un lieu de culte.

presque toujours situé autour de l'église et l'on comprend ce sentiment que la prière des morts dans leur tombe accompagne celle des vivants dans l'église. Cette familiarité extrême, qui va jusqu'à passer sns vergogne dans le cimetière avec les animaux, y tenir des assemblées, vendre, voire danser, est partout combattue par les visites pastorales, en vain semble-t-il. Il y a véritablement communauté spirituelle entre les morts et les vivants et donc responsabilité des vivants à l'égard de ces derniers [1]. Le but des fondations est aussi, pour les testateurs et les prêtres qui en sont responsables, de fixer le service dû aux morts.

IV. Le service des morts

Le service des morts est d'abord un devoir sacré de mémoire des héritiers envers les testateurs, une façon pour les descendants de maintenir la mémoire des générations dans un groupe familial, de créer un réseau protecteur de relation entre ce monde et l'au-delà, à travers le temps et l'espace. L'anniversaire est avant tout une dévotion familiale, voire individuelle.

Qui demande des services ?

Sur cent quatorze notices, apparaissent quarante-deux hommes, quarante-cinq femmes, dont vingt-cinq sont mariées, six couples, trois ménages complexes (plusieurs générations), deux prêtres. L'inscription respecte donc bien l'équilibre de la population adulte. Des liens de famille sont esquissés dans les notices, mais pas de manière assez précise pour reconstituer des généalogies, d'autant que nous ignorons tout de la date de la fondation. Une lecture attentive laisse simplement pressentir que la dispersion est relativement faible et que ces familles sont largement apparentées entre elles, c'est notamment le cas des Herpin–Michau–Pelle–Loriflant, Gallot–Martin–Court–Charpentier.

1 Sur ces aspects : Nicole et Jean-Loup Lemaitre, « Un test des solidarités paroissiales : la prière pour les morts dans les obituaires », dans *La parrochia nel Medio Evo. Economia, scambi, solidarietà*, éd. par Agostino Paravicini Bagliani et Véronique Pasche, Rome, 1995 (*Italia sacra*, 53), p. 255-278.

Si l'on rapproche ces chiffres du nombre de feux de 1709 (81, un minimum probablement, compte tenu de la conjoncture), on voit que moins de la moitié des familles serait représentée ici. Le geste de fonder des services pour le repos de l'âme ne semble donc pas si répandu que cela ; certainement en raison du coût de la fondation perpétuelle, qui implique d'avoir un minimum de capital ; peut-être aussi en raison de la faiblesse de l'implantation de la croyance au Purgatoire, mais ceci n'est qu'une hypothèse, difficile à vérifier ici [1].

Faute de pouvoir repérer les générations, une chose semble évidente ; pas plus de trois générations sont représentées dans l'obituaire. Les fondations de l'obituaire permettent donc au mieux de faire remonter la mémoire familiale soixante à quatre-vingt-dix ans en arrière, vers 1460-1490 donc, ce qui est cohérent avec ce que nous savons du repeuplement de la région après la guerre de Cent Ans. Cette guerre semble en effet avoir été particulièrement terrible dans les alentours de Saint-Michel. Lors de la visite pastorale du 19 mai 1458, par l'archidiacre de Josas, il n'y a plus de curé, tout le village est ruiné, la seule habitante est une femme qui détient la clé de l'église, dans laquelle le tabernacle est ouvert [2].

Il est probable que Saint-Michel, comme Marolles, a été ensuite largement repeuplé par des immigrants, stabilisés après les nouveaux malheurs de la bataille de Monthléry (1465). Dès 1475, le tiers au moins des habitants de Marolles était d'origine provinciale (Touraine, Normandie, Picardie, Berry, Limousin, Auvergne…) [3]. C'est en grande partie une population sans racines lointaines qui éprouve le besoin de se trouver des parents et amis d'une génération à l'autre. Pour être certain que le lien sera maintenu, il faut que le service soit fait à coup

---

1   Il faudrait pouvoir étudier les testaments en nombre et sur le temps long, ce que ne permettent pas les minutes notariales subsistantes.

2   Joseph-Marie ALLIOT (éd.), *Visites archidiaconales de Josas*, Paris, 1902, p. 16, n° 36, 445. À Sainte-Geneviève, l'église est habitée par une femme, Alizone La Chevallière, qui vit en compagnie de ses poules qui couchent sur l'autel, mais il reste quarante habitants. Si la pauvreté de Saint-Michel se retrouve ailleurs, tous les villages des alentours semblent avoir conservé cependant un minimum de structures communautaires.

3   Joseph DÉLIVRÉ, « Le repeuplement du Hurepoix après la guerre de Cent Ans, un exemple d'immigration, Marolles », dans *Bull. de la Société historique de Corbeil, Étampes et le Hurepoix*, t. 82 (1976), p. 51-59.

sûr et que l'argent du service soit régulièrement versé. Pour ce faire, les testateurs et ceux qui reçoivent la fondation ont soin d'asseoir les rentes perpétuelles sur des terres dont ils ont l'illusion qu'elles seront fécondes pour toujours et que leurs propriétaires accepteront éternellement de payer.

Sur quoi sont assignées les rentes ?

Un simple tableau descriptif des terres qui supportent chaque année le versement des rentes rend compte d'une économie particulière. On privilégie les biens pourvoyeurs de revenus liquides, de loyers véritables, du fait de l'habitation ou de la commercialisation de la production.

type	*nombre*	*valeur / s.p.*	*Moyenne*
terres	10	73. 2	7,30
héritages	7	43.4	6,10
prés	3	16	5,30
maisons	32	168.4	5,20
vignes	30	137.9	4,60
?	10	46.8	4,70
Total	92	485.3	5,20

On remarque la grande quantité de pièces de vigne et de maisons utilisées pour assigner les rentes, ce qui est assez banal dans ce type de document. D'après certaines notices, un arpent de vigne est censé fournir une rente de 10 sous, un arpent de terre peut-être 12 sous. Si l'on considère que la ferme d'un arpent de terre rapporte au même moment 36 sous à la fabrique, cette rente semble peser très lourdement sur le revenu des parcelles. En échange de ces revenus annuels, le vicaire de Saint-Michel assure des services religieux qui sont loin d'être cantonnés aux seules messes de Requiem.

Quels services ?

Vigiles à laudes	Office à 3 leçons	9 leçons	?	Total	%
16	46	19	2	74	29
Libera, De profundis				34	*14*
Messe haute	Messe basse				
70	39			109	*43,6*
Commendace, pain-vin-chandelles				17	*15*

Le prix des services

Messe basse :	2.1 à 4 s. par.
Messe haute :	4 à 5 s. par.
Vigiles à trois leçons, messe basse, *Libera* :	4 à 5 s. par.
Vigiles à neuf leçons et messe haute :	4.4 à 6 s. par.
Idem, avec « commendace » et *Libera* :	6 à 10 s. par.`

Les demandes sont partagées entre l'office et la messe, qui domine largement, surtout si l'on ajoute l'offrande du pain, du vin, de la chandelle à la messe du dimanche. Le complément de prières est constitué par l'office des morts, essentiellement vigiles et laudes ; les autres prières consistent en la récitation d'un *Libera* ou d'un *De profundis* sur la tombe. Nous connaissons ces services par le menu grâce aux différentes éditions du *Rituel de Paris*, qui porte le nom significatif de *Manuel* au XVIᵉ siècle. Le rituel est en effet le livre que le prêtre de paroisse doit toujours avoir sous la main dans ses fonctions essentielles. Il contient tout ce qui est nécessaire pour catéchiser les fidèles et leur distribuer les sacrements, pour dire les bénédictions et faire des certificats en tout genre [1]. Le contenu des prières et la description des gestes, fixés depuis plusieurs siècles, sont propres au diocèse tout en ayant un air de famille d'un diocèse à l'autre, du moins si l'on ne regarde pas de trop près et si l'on ne cherche par l'uniformité absolue.

Dans l'édition de 1542 du *Rituel de Paris*, la place des rites de la mort est très significative de l'impact de celle-ci sur la vie quotidienne

---

1   Pour les rituels conservés, voir Jean-Baptiste MOLIN, Annick AUSSEDAT, *Répertoire des rituels et processionaux imprimés conservés en France*, Paris, 1984 (Documents, études et répertoires publiés par l'IRHT).

et sur la spiritualité des chrétiens ; elle démontre la volonté de l'Église d'y répondre de façon adéquate [1]. À Paris, sur les 112 feuillets du rituel, les prières de la mort et des funérailles occupent les fol. 51 à 93, soit 37 % du contenu. Cette emprise des rites de la mort dans la ritualité chrétienne se retrouve dans tous les rituels français. Le nouveau *Rituel Romain* de Paul V (1615) marquera à cet égard un allégement qui fut bientôt imité dans les rituels des diocèses français, même lorsqu'ils n'appliquaient pas complètement la liturgie romaine. Avant l'introduction de la liturgie tridentine, nous sommes donc à un sommet dans l'encadrement des temps de deuil par le clergé.

Les rites sont depuis longtemps fixés par la législation épiscopale [2]. Le contenu de l'office, de la messe et des prières pour les morts, est conçu dans le rituel comme une initiation du fidèle mourant à la vie éternelle. Il rassemble les plus beaux textes de la liturgie chrétienne. Les prières varient dans le détail entre chacun des diocèses mais selon un schéma commun, issu de la diffusion de la liturgie de la curie romaine depuis le XIVe siècle. Le rituel parisien de 1542 comprend ainsi, comme partout, les vigiles des morts, qui commencent avec les vêpres des défunts et se poursuivent par trois nocturnes qui comprennent trois ou neuf leçons, selon qu'il s'agit de vigiles ordinaires ou de vigiles de fête. Par contre, les leçons, qui avec les versets et les répons, sont originales à chaque diocèse, sont ici uniquement constituées de la lecture du livre de Job [3].

Dans ce livre, la recommandation de l'âme (*recommandace*) suit les vigiles des morts. Elle contient la liturgie employée en principe au moment même de la mort, avec le répons *Subvenite* qui marque l'envol de l'âme et son accueil par les anges et les saints ; ce répons constituera un véritable leitmotiv de la liturgie des funérailles. Or au XVIe siècle, cette recommandation de l'âme semble également employée dans les

1   *Manuale seu officiarium sacerdotum secundum usum parisiensem, continens ecclesie sacramenta et modum administrandi ea, cum plurimis aliis documentis singulis curatis atque vicariis noviter correctum ac emendatum per quem utile atque necessarium opus est*, Paris, 1542 (ex. : Paris, bibl. Sainte-Geneviève, Rés. BB 4° 163, inv. 380).

2   Pour une étude de ces rites au Moyen Âge, dans plusieurs diocèses dont celui de Paris, voir Joseph AVRIL, *op. cit.*

3   Job 7, 16b-21 ; 10, 1-12 ; 14, 1-6 ; 17, 1-15 ; 19, 20-27.

fondations. Elle sert non seulement à la conclusion de la prière des agonisants, selon sa fonction première, mais se trouve encore réclamée de façon fréquente pour l'anniversaire de la mort, dans plusieurs obits. Il faut certainement interpréter les demandes de « commendace » comme le choix de ces prières, placées au rituel entre l'office des morts et la messe de sépulture, plutôt que comme un simple appel collectif à mémoire dans le cadre de la messe du dimanche, fondation qu'on retrouve fréquemment par ailleurs, en particulier en Rouergue à la même époque [1]. Il faut signaler ici la singularité de ce choix, bien dans la tonalité de la dévotion au Purgatoire, puisque ce verset signifie que l'âme s'envole vers le Paradis, portée par les anges, au moment où l'on prie pour elle. Certes, le fidèle ou même le prêtre commun ne devaient pas saisir grand chose de cette particularité, mais qui saura jamais ce qu'ils ressentaient réellement et jusqu'à quel point ils étaient touchés par des textes en latin ?

La messe des morts, comme la messe de funérailles, se termine par l'absoute et les demandes à cet égard n'ont rien que de très ordinaire. Tel n'est pas le cas des prières complémentaires. Si le psaume 129 *De profundis* (Ps. 130 actuel) est présent en plusieurs endroits, la prière du *Libera*, qui est une partie du *Dies irae*, n'est pas prévue au rituel de 1542. Le nombre de fondateurs qui réclament un *Libera* par dévotion est cependant impressionnant (32 sur 104 fondations). Il est très vraisemblable que les testateurs choisissent d'ajouter cette prière en fonction d'une tradition familiale. Ceci plaide pour l'efficacité de l'apprentissage des prières conduit au sein d'une participation à la liturgie : en raison de la présence permanente de la mort autour d'eux, les fidèles de Saint-Michel finissent par connaître les pièces essentielles du culte.

Si l'on compare cet obituaire à ses homologues d'autres aires culturelles, particulièrement dans le Midi, la différence de ton est grande ; mais jusqu'où peut-on en tenir compte dans l'interprétation et jusqu'à quel point peut-on comparer des cultures différentes ? Dans l'obituaire de la paroisse de Liginiac en Bas-Limousin, dans le diocèse

---

1   Voir les n°s 9, 14, 19, 22, 69, 70, 75, 76, 85, 96, 104, 110, 112. Nicole LEMAITRE, *Le Rouergue flamboyant. Clergé et paroisses du diocèse de Rodez (1417-1563)*, Paris, 1988.

de Limoges et dans un document à peu près contemporain du nôtre, puisque rédigé en 1562, l'inscription d'une fondation est clairement conditionnée chez les testateurs par la mémoire du nom patronymique [1], voire du prénom qui renvoie au saint patron, ce qui est une façon de structurer la cour céleste sur un modèle proche de ceux du Purgatoire tout autant que de la société d'ici-bas. Comme dans tout le Sud-Ouest de la fin du Moyen Âge, l'essentiel est alors d'établir dans le document le lien entre les trois demeures des fidèles (la terre, le Purgatoire, le ciel) : à Liginiac, le montant et l'assiette des fondations ne sont en effet jamais indiquées. Dans ces pays d'oc, il semble que nous soyons dans un autre monde que celui du Hurepoix, mais il faut tenir compte de ceux qui tiennent la plume : à Liginiac, c'est un prêtre-obituaire spécialisé dans les messes des morts, qui est au service des clans familiaux du lieu. À Saint-Michel, c'est le curé, spécialisé dans la gestion des âmes, ou bien les marguilliers, plus habitués à la gestion des biens temporels plutôt qu'à celle des biens spirituels [2].

Le caractère fonctionnaliste de l'obituaire de Saint-Michel est-il un indice de la faiblesse générale de l'implantation de la croyance au Purgatoire ? En l'absence de documentation complémentaire et d'autres études contemporaines, il est encore difficile de le dire. Si la réponse était positive, nous aurions là un critère expliquant le plus ou moins grand succès de la prédication réformée [3]. Or la Réforme commence tout juste à être prêchée dans la région. Les grandes prédications protestantes datent justement de la décennie 1550 mais ne semblent pas avoir touché Saint-Michel [4]. Le village de Saint-Michel,

1 Jean-Loup LEMAITRE (éd.), *L'obituaire des prêtres-filleuls de Liginiac*, Ussel, 1994 (Mémoires et documents sur le Bas-Limousin, XIX).

2 Il semble que l'on puisse distinguer deux mains différentes du XVIe siècle dans l'inscription des fondations de Saint-Michel. Ces deux mains correspondent également à l'emploi préférentiel de deux unités monétaires différentes. Mais l'effet peut aussi provenir de deux mains cléricales, celle du curé et celle du vicaire…

3 On peut estimer, à titre d'hypothèse, que la prédication réformée, radicalement hostile aux messes pour les morts, scandalise beaucoup moins dans un lieu où l'armature symbolique de la relation aux morts est moins puissante. Lorsque celle-ci se réduit à des relations comptables, elle est évidemment plus facile à déraciner.

4 La région a été semble-t-il, très peu touchée, en dehors de Corbeil : Jacques PANNIER, *Études historiques sur la Réforme à Corbeil et aux environs aux XVIe siècle*, Paris, 1900.

comme le monde paysan en général, n'a pas été séduit par le message réformé, à la différence de la ville de Corbeil, par exemple. On peut dire tout aussi bien que la rédaction de l'obituaire relève de la réaction à l'égard d'une pratique mise à mal par ailleurs. Mais comment saisir les raisons de cette faiblesse ?

Quelques faits peuvent servir de piste. Nous avons vu que le nombre de familles fondatrices est relativement restreint, ce qui fait penser irrésistiblement à l'emprise d'un *lobby* qui aurait fermé d'emblée l'accès à l'obituaire : des coqs de village. On peut ajouter que l'un des curés, Dabon, a certainement joué un rôle incitatif dans la rédaction de l'obituaire. Le respect dont il jouit dans le document témoigne qu'il a donné une impulsion décisive à la rédaction du texte et sans doute aux fondations elles-mêmes. Mais cette impulsion de l'autorité n'a pas dépassé les générations suivantes. La relative uniformité de rédaction de notre texte, si on le compare aux cas déjà évoqués de Frizet et Warnant, en témoigne. Il n'y a pas eu beaucoup d'inscriptions postérieures aux fondations : seulement trente-cinq sur six générations, selon la tentative de réduction de 1715 [1]. Il ne faut cependant pas conclure trop vite car les fondations nouvelles ont pu être enregistrées dans le livre de la paroisse, mais le fait même qu'on n'ait pas songé à refaire l'obituaire, plaide pour un net ralentissement des fondations à la fin du XVIᵉ siècle, ce qui est d'ailleurs cohérent avec la conjoncture. Il semble bien que la messe perpétuelle pour le repos de l'âme soit très vite passée de mode en Hurepoix.

La détérioration des services

Certes, ce système complexe, tant du point de vue économique que symbolique, a résisté aux guerres de Religion et aux crises du XVIIᵉ siècle. On devine toutefois des craquements au cours du Grand Siècle : les minutes notariales nous livrent par exemple régulièrement des amortissements de rentes dues à la fabrique. C'est ainsi que le 9 février 1643, Louis Pénurier et sa femme, veuve de Martin Charpentier,

---

1 L'enregistrement des sépultures, trop tardif malheureusement, n'a permis de retrouver que trois d'entre elles : Jeanne Chausselle (55), morte veuve, le 19 août 1662 ; Marie Aboilard, femme de François Chantecler (66), le 3 mai 1655 ; Pierre Robin (70), le 17 mars 1665.

versent au marguillier en charge, Nicolas Lamy, 86 livres tournois pour le rachat de 4 £ 6. s. de rentes dues à l'église [1]. On comprend bien l'intérêt économique de ces rachats, mais ils témoignent d'une transformation du sens de la responsabilité à l'égard des ancêtres. Il se peut cependant que le rachat porte ici sur une terre nouvellement acquise et donc sur des ancêtres non reconnus par les nouveaux propriétaires. Il serait nécessaire de mener une étude des transferts de propriété sur les terres concernées pour saisir ces phénomènes, ce qui n'est pas ici notre propos [2].

Quoi qu'il en soit, il ne fait pas de doute qu'au tournant du siècle le service des fondations subit une crise. L'inflation ne peut être seule invoquée, ou du moins elle correspond certainement à un ralentissement des fondations, qui amoindrit l'enveloppe globale dont dispose le vicaire. En 1715, devant ces difficultés, anciennes certainement, le curé, les marguilliers et les habitant délibèrent pour transformer la liturgie immuable des fondations, la rendre plus fonctionnelle et plus justement rémunérée [3]. Le procès verbal de l'assemblée explique :

« ... Les fondations de leur église et les noms des fondateurs étant depuis longtems pour la plus grande partie inconnue, ils en auroient fait la recherche pour ensuitte faire un nécrologe en forme suivant vos règlemens et ordonnances. Mais comme lesdites fondations ont été faites a un prix trop modique pour en aquitter les charges et parce que les fonds de plusieurs sont perdus ou considérablement diminués par les amortissemens et autres taxes qu'il a fallu payer qu'il y en a aussi quelques unes dont les fonds subsistent encore sans que l'on en connoisse les charges, ils supplient votre Éminence de vouloir bien authoriser la réduction des unes et fixer les autres... »

---

1 Nicolas Lamy est lui-même un vigneron, cf. arch. dép. Seine et Oise (Essonne), E 6941.

2 On peut suivre ces phénomènes dans le minutier de Monthléry, déposé récemment aux arch. dép. de l'Essonne, 2 E 62 .

3 Arch. dép. Essonne, 1 J 203. La supplique à l'archevêque de Paris, dont nous ne possédons que la copie, est signée du curé Rebut, de Simon Gillot, Jean Caplitte, Paul Fictiet, R. Donne et Simon. Il s'agit probablement des membres du conseil de fabrique, mais l'assemblée semble avoir été plus large. En tout cas, dans ce projet de réduction, la commission du curé de Saint-Vrain s'adresse non seulement aux curé et marguilliers mais aussi au syndic et habitants.

Les fondations ne couvrent donc plus les dépenses de fonctionne-
ment et une partie des rentes a disparu, mais aussi une partie des
familles, dont le souvenir se perd. Le curé de Saint-Vrain dit avoir
trouvé « beaucoup d'obscurité et peu d'ordre » dans « l'ancien
nécrologe », mais ce qu'il oublie de dire, c'est qu'il l'a lu avec peine. Le
curé de Saint-Michel et les habitants qui assistent le commissaire ont
certainement eu les mêmes difficultés à lire l'écriture du XVIᵉ siècle,
mais le fait qu'ils n'aient pu deviner des noms de personnes est la
preuve qu'ils ont oublié la présence des familles dont il est question.
C'est ainsi que « Laurence jadiz femme de Jehan Maucouvent » (61,
102) est lu par deux fois « Laurence Jadin » dans le projet de réduction
(nᵒˢ 42-43) sans qu'aucun des habitants n'ait réagi. Bien d'autres cas de
mauvaise lecture manifeste, qui ne sont pas simple transformation
orthographique, peuvent être relevés au fil des réductions : de Leaulne
devient de Landre, Basset devient Barot… nul doute que les bons
connaisseurs des familles de la région pourront en relever d'autres.

Ce manque d'assurance dans la lecture et dans le rendu de noms
anciens est le symptôme d'une perte de mémoire, individuelle et
familiale autant que communautaire. Ces défauts de lecture ne sont
rien à côté de la mise à l'écart de nombreux testateurs du XVIᵉ siècle par
leurs descendants dans un consensus impressionnant. Le lien des
vivants du début du XVIIIᵉ siècle avec leurs ancêtres du XVIᵉ siècle n'est
plus évident. Cette tentative de réduction, une opération ordinaire au
demeurant à cette époque, en raison des effets de l'inflation, nous
permet ainsi d'observer la capacité d'oubli des familles d'une communauté humaine en l'espace de six générations environ. On peut
l'expliquer au premier degré par l'évolution démographique. La crise
de la Fronde a eu la même gravité que celles évoquées plus haut de la
guerre de Cent Ans ou des guerres de Religion. Mais plutôt qu'une
chute brutale au XVIIᵉ siècle, il semble qu'il faille ici invoquer des
phénomènes d'usure, dus à la disparition de familles qui s'affaiblissent
peu à peu au rythme des crises, pestes et épidémies diverses jusqu'à
disparition complète [1].

1   Pour la conjoncture démographique dans 36 paroisses groupées des alentours de
Corbeil , il est indispensable de consulter Jean-Marc MORICEAU, « La population du sud
de Paris aux XVIᵉ et XVIIᵉ siècles. 1560-1670 », dans *Mémoires et documents de la
Société historique de Corbeil, d'Étampes et du Hurepoix*, t. XII (1979), 50 p. et 10 pl..

Cette usure, qu'on pourrait mesurer à l'aide d'une étude fine de l'état civil, correspond également à une usure économique, au moins sous le règne de Louis XIV. Dans le registre de sépulture de Saint-Michel, on voit en effet se développer une nouvelle activité économique, celle des nourrices, exercée par des femmes de vignerons qui ne sont pas toutes des veuves. La tradition de mise en nourrice dans les villages de vignerons de la région semble être ancienne [1]. Les enfants mis en nourrice, enfants de juges, de bourgeois, viennent majoritairement de Paris, parfois des villages voisins. Ils sont enterrés sans nom, voire même, ce qui est tout de même plus rare et dénoncé par le prêtre, sans prénom : « par la faute de la nourrice », nous dit le curé, scandalisé tout de même [2]. Le développement de cette activité, saisissable à travers la seule montée du nombre des enfants morts entre 1640 et 1671, signe certainement une plus grande précarité de la situation des vignerons.

Il suffit de parcourir les noms des services sauvegardés bien qu'amoindris en 1715 pour saisir, par comparaison, l'oubli de nombreux fondateurs du milieu du XVIᵉ siècle. La disparition des noms de famille pourrait chiffrer cet affaiblissement, mais ceci n'est qu'une partie d'une question beaucoup plus vaste, celle de l'usure de la foi en la capacité d'une institution à maintenir la prière des morts pour l'éternité. Ce retrait démontre a posteriori que la prière pour les morts est une affaire de lignage individuel et que la solidarité communautaire n'existe plus. On veut bien tenir le lien avec ses propres ancêtres, mais on ne s'intéresse plus aux autres morts du terroir.

On distingue trois grandes phases d'évolution de la population concernée (peut-être 20 000 âmes en tout) : une croissance de 1560 à 1589 ; un recul de 30 % de 1590 à 1630 ; une expansion lente et modérée de 1630 à 1670 : une forte dépression de 1670 à 1700. La peste de 1630, la Fronde, la famine de 1661 et les difficultés de la fin du règne de Louis XIV (de 1674 à 1702, les décès dépassent sans discontinuer les naissances) ont certainement laissé des traces, mais le pire est la répétition des fléaux tous les dix ans. On pourrait le vérifier de façon fine dans le premier registre conservé de l'état civil de Saint-Michel (102 feuillets), qui contient les baptêmes depuis 1629, les mariages depuis 1645 et les sépultures depuis 1642.

1   Jean-Marc MORICEAU, *op. cit.*, p. 32-33.

2   Il s'agit d'une « fille de Paris », en nourrice chez Marin Dy, le 16 septembre 1669.

S'il y a encore une solidarité des vivants, puisqu'ils s'assemblent pour discuter de la liturgie des morts, il n'y a plus dans leur esprit de société solidaire des morts ; il n'y a plus de lieu de conversation des morts et ceux-ci ne communiquent plus avec les vivants. La culture symbolique du début du XVIIIe siècle n'est plus celle du milieu du XVIe siècle. Est-ce un hasard si l'on commence à songer à déplacer les cimetières pour des raisons d'hygiène ? C'est de façon consciente et parfaitement consensuelle que les habitants de Saint-Michel tentent de réduire le service du clergé en matière de prière pour les morts. Il n'y a plus de raison pour que les vivants paient des messes pour le salut des âmes qui ont vécu sur leur terre, sauf lorsque le lignage conserve sa fierté et souhaite exhiber sa généalogie. La croyance au Purgatoire se poursuit de façon routinière ; réduite à un pur geste extérieur, à un conformisme social, elle meurt à petit feu en ce début du Siècle des Lumières.

Faute d'avoir pu mettre en oeuvre une documentation complémentaire, particulièrement la documentation notariée, il est difficile d'aller plus loin dans l'interprétation de ce document du milieu du XVIe siècle [1]. En dépit de la faiblesse de la documentation annexe, tel quel, il nous semble apporter des éléments forts intéressants. Son existence même permet de sortir le village et ses habitants d'un vide historiographique quasiment complet pour cette époque et surtout de remonter l'histoire des familles de cette région avant les grands traumatismes des guerres de Religion et de la Fronde. Les noms de familles qu'il nous livre permettent au moins une localisation anthroponymique utile aux généalogistes, même si elle s'étend probablement sur un siècle. Ce document nous révèle surtout des détails précis sur la géographie à la fois humaine et symbolique du village. Il nous permet enfin une étude approfondie de l'application des rites de la mort au milieu du XVIe siècle, en un moment où ceux-ci sont à leur point de plus grande densité, selon un schéma bien connu de l'évolution de la sensibilité de la fin du Moyen Âge. L'économie de la

---

1 L'ensemble du minutier ancien de Montlhéry est désormais versé aux archives départementales de l'Essonne. S'il est possible d'y découvrir quelques actes du XVIe siècle, voire des testaments en rapport direct avec les fondations de Saint-Michel, celles-ci n'ont été sauvegardées que pour la fin du siècle.

mort au XVIe siècle nous donne enfin l'occasion d'une plongée dans l'économie tout court, puisque l'échange des prières entre vivants et entre morts et vivants ne va pas sans l'échange réel des biens de ce monde.

Tant que cet échange s'est maintenu, la mémoire des morts a servi d'enracinement à la communauté humaine. L'abandon du service des fondations par le clergé, consécutive à l'abandon du service des rentes par les familles est la marque de la disparition des familles, mais aussi de l'installation du doute à propos de l'efficacité de la prière pour les morts, bien contemporaine de la disparition des fondations au début du XVIIIe siècle. Cet abandon est peut-être le symptôme d'une sécularisation de la mort, ainsi que l'ont montré les travaux de Michel Vovelle, mais plus encore la preuve que le besoin d'enracinement des vivants ne passe plus par les ancêtres et par le sol. Les nouveaux immigrants, Limousins en particulier, ont leurs racines ailleurs et cultivent (de plus en plus mal) leurs prêtres-obituaires au pays afin de conserver cette mémoire. Les Normands, autres migrants caractéristiques du XVIIe siècle, ne sont, comme les Limousins, que des migrants saisonniers, qui au surplus n'ont dans leur tradition aucun attachement à une culture de la mort comparable à celui des Bretons, des Rouergats, Limousins et autres Auvergnats. Le déracinement symbolique de ces migrants définitifs se résoud dans la construction d'une autre culture commune.

Au début du XVIIIe siècle, à Saint-Michel, les ancêtres n'aident plus les vivants à vivre dans la sérénité et les fruits de la terre ne renvoient plus à la mémoire de ceux qui y ont vécu. Ceci est bien la preuve qu'une culture symbolique est en cours de disparition. Le rapport des paysans à leur passé et à leur terre devient alors strictement séculier et matériel. Ils vivent beaucoup plus dans l'immédiateté et l'ici-bas que leurs prédécesseurs. La communion des saints médiévale n'est plus portée par l'unanimité communautaire. Nul doute que bien d'autres obituaires de villages permettraient d'élargir et de compléter ce constat de changement d'une civilisation rurale. Les villages ne sont pas aussi immobiles qu'on a pu l'écrire.

V. Les manuscrits

1. L'obituaire
Arch. dép. de l'Essonne, 1 J 193

(*Répertoire*, n° 1458 *bis*)

XVIe siècle, (avant 1554) et XVIIIe siècle (1779), papier avec vergeures et pontuseaux, filigrane (un pichet, avec dans la panse la marque C.N., h. 52 mm, cf. Briquet, n° 12511).

252 x 167 mm, 60 fol., dépourvus de foliotation ancienne. Les fol. 1, 9, 11, 13, 17, 29, 29 et 44 ont été refaits au XVIIIe siècle. Mouillures et légères déchirures à partir du fol. 45. Les fol. 2-8, 10, 12, 15, 27-28, 30, 34, 43 ont été remontés sur onglets en 1779.

Les noms des mois et des saints, la lettre dominicale **A** ont été rubriqués.

Cartonnage exécuté en 1779, renforcé avec deux fragments d'actes sur parchemin, des XVIIe et XVIIIe siècles.

Fol. 1 : « Nécrologe de l'église de St. Michel, rédigé vers 1550, où l'on trouve différentes fondations et renseignements qui peuvent encore servir à présent. Ce nécrologe a été recollé et relié dans l'état où il est en 1779 ; il y manque quelques feuillets qui ont été remplacés par de nouveaux, qu'il est aisé de distinguer à l'inspection par ces marques et mots : *deficit en l'original.* »

Fol. 2-54v° : Obituaire, suivant l'ordre du calendrier, du 1er janvier au 31 décembre. Lettres dominicales, avec addition des quantièmes faite au XVIIe siècle. Seules les principales fêtes sont inscrites, rubriquées, en français (sauf la Nativité de la Vierge). L'obituaire a été constitué peu avant 1554-1555, comme en témoignent les additions portées fol. 54, en 1554 probablement, selon la réduction d'obits ultérieure.

Les feuillets manquant de l'obituaire ont été refaits en 1779, donnant les quantièmes seuls et la mention annoncée fol. 1 (*deficit en l'original*). Chaque page contient quatre à cinq jours en moyenne.

fol. 2-8 : 1er janvier-28 février.

    *fol. 9 refait : 1er-8 mars.

fol. 10 : fin du 8 mars-16 mars.

    *fol. 11 refait : 17-21 mars.

fol. 12 : 22-29 mars.

    *fol.13 refait : 30-31 mars, v° blanc.

fol. 14-16 : 1er-28 avril.

    *fol. 17 refait : 29-30 avril, v° blanc.

fol. 18-28 : 1er mai-20 juillet.

    *fol. 29 refait : 21-31 juillet.

fol. 30-38 : 1er août-29 septembre.

    *fol.39 refait : 30 septembre, v° blanc.

fol. 40-43 : 1er-24 octobre.

    *fol. 44 refait : 25-31 octobre.

Fol. 55-60v° : « Les rentes deues a l'eglise Sainct Michel, nom subgecte a obit et premierement... » Liste de trente-quatre rentes, numérotées au XVIIIe siècle : « Art. 1 »... « Art. 34 », les articles 16-34 étant suivis de la mention : « C'est pour la messe du curé Dabon ».

Indiqué : *Répertoire des documents nécrologiques français. Supplément,* publié sous la dir. de Pierre Marot par Jean-Loup Lemaitre, Paris, 1987 (*Recueil des Historiens de la France* publié par l'Académie des inscriptions et belles-lettres, *Obituaires,* t. VIII***), p. 58-59, n° 1458 *bis.*

2. La réduction des obits de 1715
Arch. dép. de l'Essonne 1 J 203

(*Répertoire*, n° 1458 *bis a*)

XVIIIe siècle (1715), papier, 340 x 225 mm., 340 x 225 mm (fol. 3, h. 300 mm), 11 fol., fol. 8 blanc collé en partie sur le fol. 7, fol. 9 blanc, fol. 11 blanc.

Dépourvu de couverture. Volume en très mauvais état, constitué de plusieurs éléments réunis en dossier.

Coté en 1779 : « B, n° 10 », avec analyse : « Projet de réduction des messes, services de l'église et cure de Saint-Michel. »

INDIQUÉ : *Ibid.*, p. 59-60, n° 1458 *bis a*.

*Ces deux manuscrits ont été retrouvés en 1985 par le P. Martinet, curé de Saint-Michel, dans les archives de son église. M. Yves Pommereau signala la découverte à M. Jean Dufour, alors maître de conférences de paléographie à l'École pratique des Hautes Études, qui en fit part à Jean-Loup Lemaitre, pour leur insertion dans un supplément à son *Répertoire des documents nécrologiques français*. Ils ont été déposés le 4 décembre 1991 aux archives départementales de l'Essonne.

L'Obituaire doit se lire à la façon d'un agenda qui commence à la Circoncision (1er janvier) et s'achève le 31 décembre. Les quantièmes, vraisemblablement rajoutés au début du XVIIIe siècle, ont été placés ici entre crochets droits. Auparavant, on utilisait la lettre dominicale pour repérer les jours du mois : A, B, C, D, E, F, G. Cette notation signe le caractère liturgique du document et est très fréquente dans les obituaires des XIVe-XVIe siècles. Le 1er janvier est toujours désigné par la lettre A et l'obituaire fonctionne comme un calendrier perpétuel. On repère ensuite chaque année par le premier dimanche. Si l'année courante commence un dimanche, elle est dite année A, si l'année est une année B, elle commence un samedi, si l'année est une année C, elle commence un vendredi et ainsi de suite. Il est évident que cette science du comput, qui faisait une partie de la culture cléricale de la fin du Moyen Âge, n'est plus enseignée dans les séminaires de la fin du XVII° siècle, puisque les curés éprouvent le besoin de rajouter les quantièmes. Il faut dire qu'entre temps (1582) nous sommes passés du calendrier julien au calendrier grégorien et que les règles de comput sont devenues encore plus complexes.

Dans l'obituaire, le quantième du jour est suivi chaque fois que possible du nom d'une fête fixe ou du nom des saints qui comptent pour la paroisse. Les fêtes et saints les plus importants sont rubriqués. Le calendrier employé ici contient les saints ordinaires du diocèse de Paris, qu'on retrouve, par exemple, dans le calendrier des bréviaires de Paris.

Une fois le calendrier rédigé, à raison de quatre à cinq jours à la page, il fallait remplir les blancs. Tous les jours n'ont pas fait l'objet d'une inscription : à Saint-Michel, la première fondation s'inscrit au 2 janvier. Nous avons identifié chaque fondation par un numéro entre parenthèses, auquel renvoie l'index.

Les écritures du XVIII° siècle ont été matérialisées dans l'édition par l'emploi de l'italique.

Sous chacune des notices, figurent une ou deux sommes, exprimées en monnaie tournois ou parisis. Celles qui sont exprimées en monnaie tournois ont été assez souvent barrées et une autre main a exprimé la somme en monnaie parisis. L'abréviation marquant la livre est rendue par £. On a indiqué une somme cancellée en la mettant entre double crochets droits, [[ ]], et l'ajout postérieur en parisis en italiques, après une barre droite (|). À ces sommes, peuvent être annexées des mentions concernant la fourniture de pain et de vin pour la messe. Il est probable que nous avons là le reflet de négociations successives de la fabrique avec les familles, afin d'assurer le versement suivi des rentes.

Les mentions marginales sont également d'origine comptable. Nous avons choisi de placer les mentions de la marge de gauche en fin de notice, à droite, suivies d'un astérisque. Elles sont souvent tronquées par la restauration ancienne de la reliure du manuscrit ; les manques ont été indiqués par [...]. Il agit toujours d'une somme, à laquelle on n'a pas touché, qui est exprimée en livres tournois ou en livres parisis. Il s'agit peut-être d'une nouvelle évaluation des rentes dues pour les services. La somme est suivie ou précédée d'une série de chiffres, des nombres qui se suivent de 1 à 6 et correspondent vraisemblablement à des paiements fractionnés de la rente.

La complexité des mentions comptables est le reflet probable des difficultés de paiement postérieures à la rédaction de l'obituaire. Elles prouvent que celui-ci est un document vivant, dont il faudrait pouvoir suivre l'évolution, à l'aide des archives notariales par exemple [1].

---

1 Voir pour les règles d'éditions, outre J.-L. Lemaitre, « Directives pour la préparation d'une édition de document nécrologique », dans *Bulletin. philologique et historique*, 1979 [1981], p. 11-17, et les *Conseils pour l'édition des textes médiévaux. Fasc. 1. Conseils généraux*, Paris, 2001 ; – Fasc. 2. *Actes et documents d'archives*, Paris, 2001.

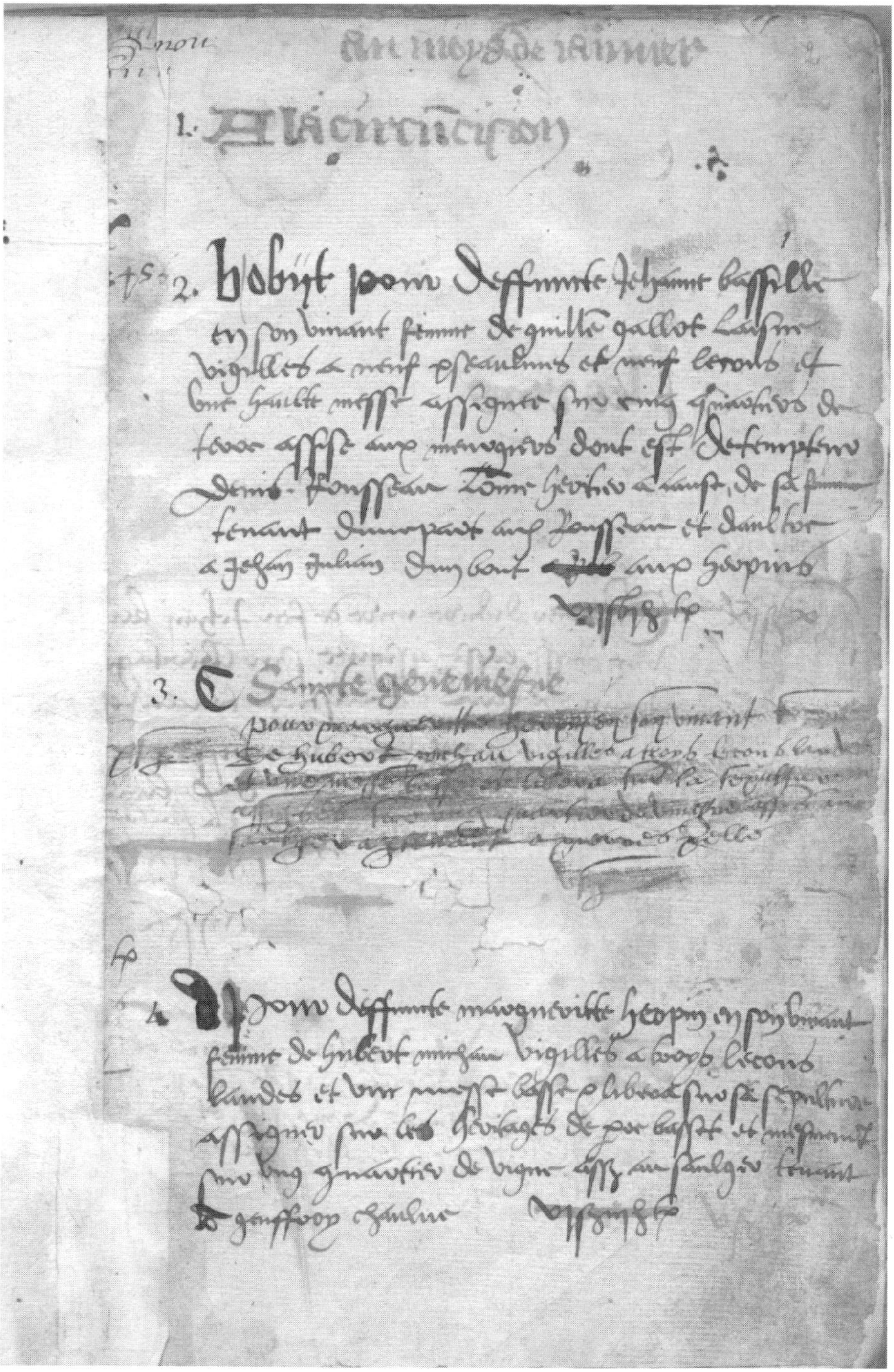

Pl. 1. — L'obituaire, fol. 2 : 1er-4 janvier, notices 1-3.

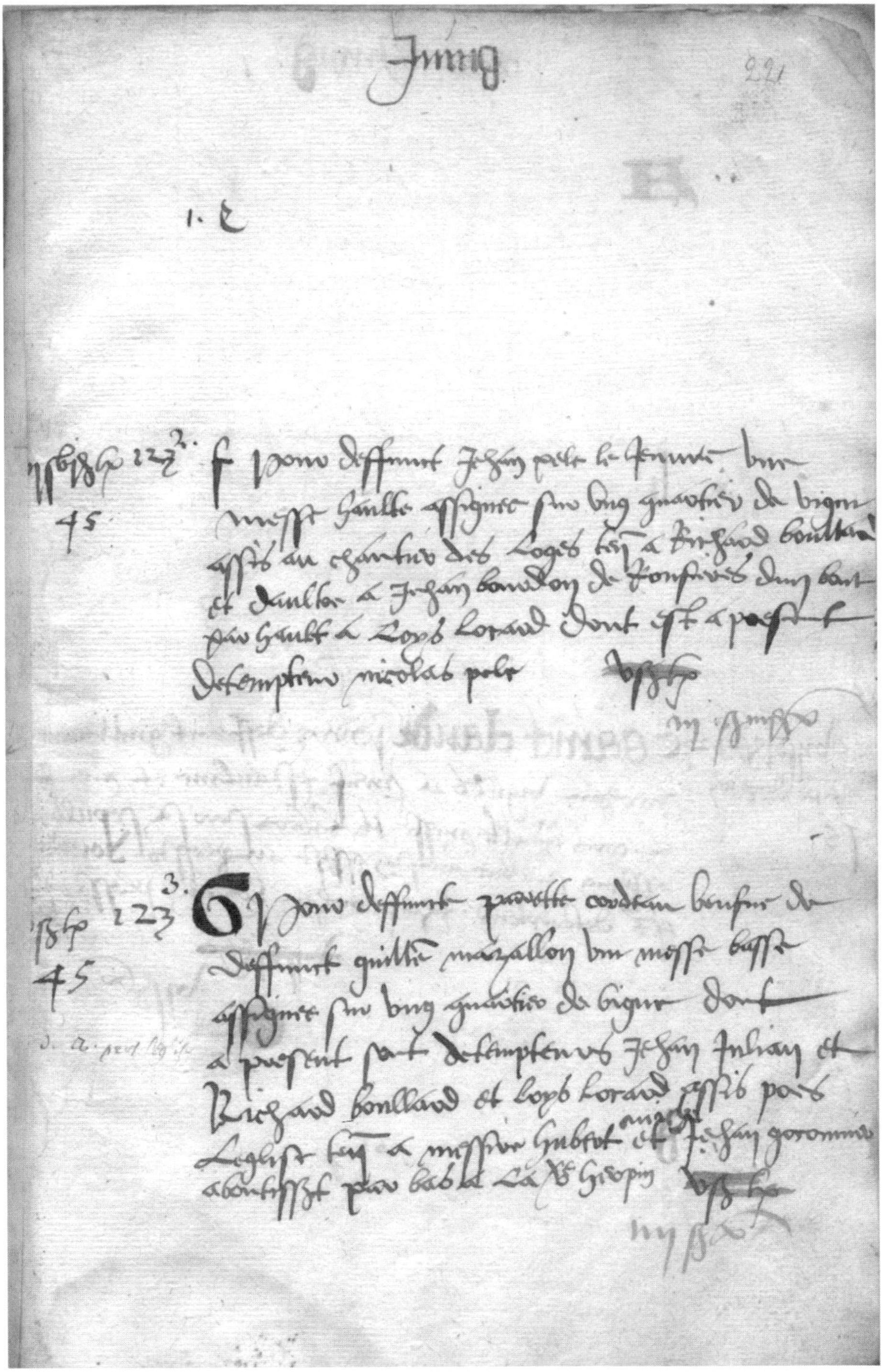

1. e

Pl. 2. — L'obituaire, fol. 22 : 1-3 juin, notices 66-67.

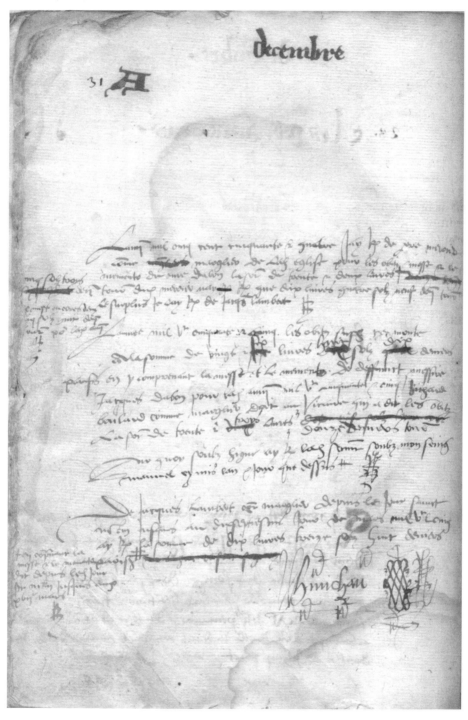

Pl. 3. — L'obituaire, fol. 54 v : 31 décembre, notices 114-116.

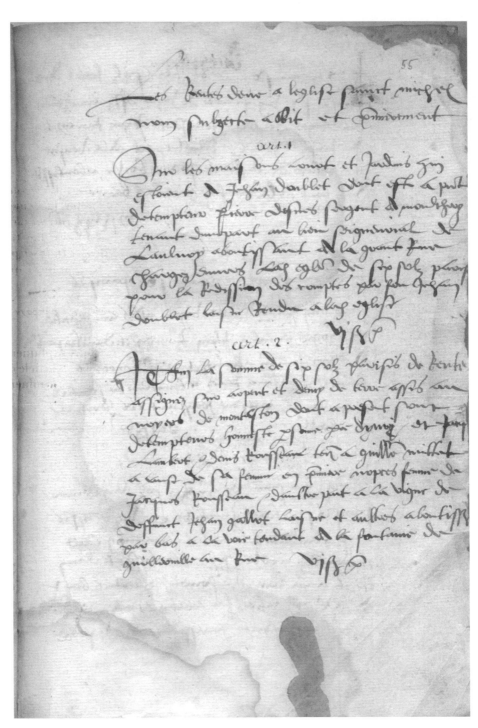

Pl. 4. — L'obituaire, fol. 55, notice 117, art. 1-2.

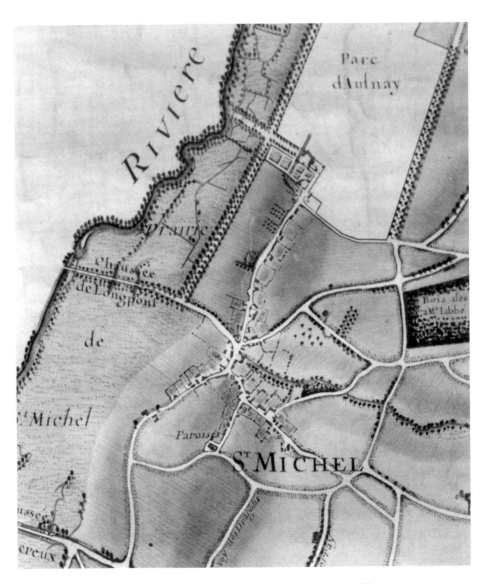

Pl. 5. — Le village de Saint-Michel en 1754.
Arch. nat, N I, Seine-et-Oise, 64. *Carte des terres et seigneuries de Brétigny, Marolles, Beaulieu, Saint-Michel.*

Pl. 6.— Saint-Michel et ses environs au milieu du XVIIIe siècle.
Arch. nat, N I, Seine-et-Oise, 64. *Carte des terres et seigneuries de Brétigny, Marolles, Beaulieu, Saint-Michel.*

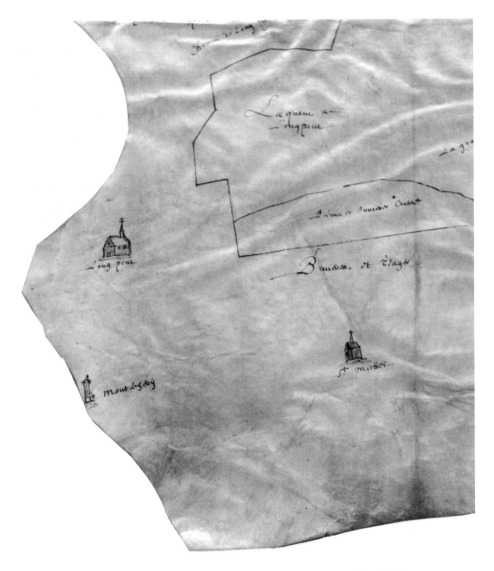

Pl. 7. — Saint-Michel et Longpont au XVIIe siècle.
Arch. nat., N III, Seine-et-Oise, 17. *Plan de la Forest ou bisson de Séquigny*. Parch.

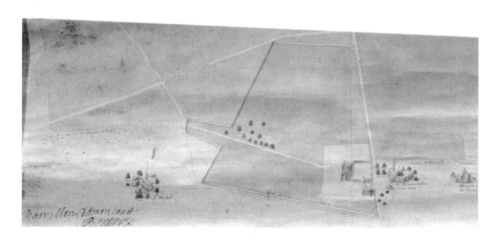

Pl. 8. — Saint-Michel et Sainte-Geneviève à la fin du XVIIe siècle.
Arch. nat., N II Seine-et-Oise, 167. *Forest de Séquigny*.

ÉDITION

L'OBITUAIRE DE 1554

AU MOYS DE JANVIER

fol. 2

[1] A. La Circumcision.

[2] B.   (1) Obiit pour deffuncte Jehanne Bassille, en son vivant femme de Guillaume Gallot l'aisné : vigilles a neuf pseaulmes et neuf leçons et une haulte messe, assignee sur cinq quartiers de terre, assise aux Meurgiers, dont est detempteur Denis Rousseau comme heritier a cause de sa femme. Tenant d'une part audit Rousseau et d'aultre a Jehan Julian, d'un bout aux Herpins.

[[VII s.VI d. t.]]| VI s. p.

[...]*

[1.2.] 3.4.5.6.*

[3] C. Saincte Geneviefve.

    (2) Pour Margueritte Herpin, en son vivant femme de Hubert Michau : vigilles a troys leçons, laudes et une messe basse et Libera sur la sepulture, assignés sur ung quartier de vingnes, assis au Saulger. Attenant a Pierre Pellé.

V s. p.

[...] X s. p.*

[4] D.   (3) Pour deffuncte Margueritte Herpin, en son vivant femme de Hubert Michau : vigilles a troys lecons, laudes et une messe basse et Libera sur sa sepulture, assigner sur les heritages de Pierre Basset et mesmement sur ung quartier de vigne assis au Saulger. Tenant a Geuffroy Chaulve.

[[VI s. III d. t.]]| *V s. p.*

[...]s. VI d. t.*

[1.2.3.4.5.] 6.*

[5] E.

[6] F. Les Roys.

[7] G.   (4) Pour Didiere, mere de feu Jean Bance : une messe basse assignee sur l'heritage de Jehan Michau l'aisné, tenant d'une part a Robert Michau, aboutissant d'un bout a la grand rue dudit lieu et d'aultre bout au russeau de la fontaine Sainte Geneviefve.

[[III s. IV d. t.]]| *III s. p.*
[...] I s. VI d. t.*
1.2.3.4.5.6.*

[8] **A.**   (5) Pour deffunctz Jehan Morice et Michele Auberi : deulx messes basses a prendre sur une espace de maison et le lieu comme il se comporte assis pres la maison de Launay.

VI s. p.
IX s. p.*

fol. 3

[9] B.

[10] C.

[11] D. (6) Pour deffunct Jehan Charpentier le jeune : vigilles a neuf pseaulmes et neuf leçons, assigner sur demy arpent de vigne assis en Culfroyt dont est a present detempteur Mery Charpentier. Tenant a Denis Chantecler et d'aultre a l'arpent qui feu Jehan Bance, aboutissant a la voie des Dagrons.

[[VI s. III d. t.]]| *IIII s. IIII d. p.*
[...]*
1.2.3.4.5.6.*

[12] E.

[13] F.

[14] G. (7) [[Pour Jehanne Serans, femme de Jehan Berthe de Montlhery : une messe basse assignee sur une maisson et jardins, dont sont a present detempteurs Loys Locard, la veuve Tartarin et aultres. C'est la maison qui feut Noel Denies.]]

[[III s. t.]]| *II s. IIII d. p.*
V s.t.*
1.2.3.4.5.*
Alibi in mense junii* [1]

[15] **A.**

[16] B.

fol. 4

---

1   Le 19 (73).

[17] C.

[18] D. (8) Le curé doit tous les ans deux messe basse avecques pain et
vin pour Jehanne La Salhadine, mere de Alizon, femme de Adam
Hure, assignee sur un arpent et deux pieces de pré, assis au
dessus du chasteau de Laulnoy. A ceste cause ledit curé jouist
d'un arpent et demy de pré pour faire ledit service.

1.2.3.4.5.6.*

[19] E.

[20] F.

[21] G.

[22] **A.** (9) Pour deffunct Pierre Loriflanct et Jehan Loriflanct : deux
obits l'un jour après l'autre, vigilles, recommandace, haulte messe
et Libera a la fin, assiné [1] sur demy arpent de vigne que tient
Hubert Lechere assis aulx Gastines.

X s. p.

XX s.t.*

[23] B.

[24] C. (10) Pour Jehan Gallot l'aisné : vigilles a neuf pseaulmes et
neuf leçons, haulte messe assigner sur troys quartiers de vigne
assise aux Noyers. Tenant a Rolland Pellé.

IIII s. t.

X s.t.*

1.2.3.4.5.6.*

[25] D. (11) Pour deffuncte Nicolle Bourgeron, en son vivant femme
de Jehan Julien : une messe haulte, vigille a IX leçons et Libera a
la fin sur sa sepulture. A prendre sur ung quartier de vingne prins
en demy arpent assis auprés l'eglise dudit Saint Michel.

V s. p.*

VIII s. p.*

[26] E. (12) [[Pour Jehanne Barraguer, jadis femme de deffunct Jehan
Adam : vigilles a troys leçons, haultes messes assigner sur ...]]
Alibi in mense junii [2].

fol. 5

---

1   *Sic* ms.
2   Le 20 juin (74) et le 29 juin (76).

[27] F. (13) Pour Jehan Michau : vigilles a 3 leçons, haulte messe et
    Libera sur sa sepulture assigné sur [...].

IIII s. p.

VII s. p.*

[28] G.

[29] **A.**

[30] B. (14) Pour deffuncte Marion Boullard, jadiz femme de Jehan
    Julian : vigilles et recommandace, haulte messe et Libera sur sa
    sepulture assigner sur [...].

[[VIII s. t.]]| *VII s. p.*

XV s. t.*

1.2.3.4.5.6.*

[31] C. (15) Pour deffuncte Perrette, femme de Jehan Fontanie de
    Montlhery : une messe haulte assigné sur demy arpent de pré
    qu'elle a donné a ladite église.

V s. p.*

1.2.3.4.5.6.*

Note 1

(16) Item une piece de pré en ladicte prairye d'Orge,
contenant demy arpent demy quartier, une quarte a l'eglise.
Tenant audit sieur de Launoys, tenant d'aultre part et a l'autre
motyee du curé aboutissant a La Boyle et d'aultre sur des prés
subgectes aux prieres de toute anciennetté les dimenche.

Note 2

(17) Item cinq quartiers de terre assis a la Tiphonie. Tenant
aux hoirs feu Nicollas Bance, d'aultre troys [1] a aboutissant au
chemin de Chastres et d'aultre bout audit prez a la charge des
prieres.

Note 3

(18) Item un arpen en le mesme lieu. Tenant a la veuve feu
Robert Jori et d'aultre aux hoirs de Nicollas Bance, aboutissant
par haut a Guillaume Mittet et d'aultre bout a Chastres

---

1 *Sic* ms.

fol. 6

FEBVRIER

[1.] D.

[2] E. La Chandeleur.

[3] F.   (19) Pour Cosme Gouteray : vigilles, recommandaces, haulte
messe et Libera a la fin de ladite messe, assignee sur ung cartier
et demi de vingne assis a Launoy.

V s. p.

III s. p.*

[4] G.   (20) Pour deffunct Michel Pasquier : vigilles a neuf pseaulmes
et neuf leçons, pain et vin et chandelle, haulte messe. Ledit obit
assigner sur arpent et demy de terre assis a la Tiphoyne. Tenant
d'une part a Richard Boullard, aboutissant d'un bort au chemin
de Chastre, dont est a present detempteur Guillaume Mittet et sa
femme, auparavant femme de Jehan Le Houlx.

[[V s. t.]] |*V s. p.*

en comprenant [[pour]] le pain et vin douze deniers parisis.

[...]s.t.*

1.2.3.4.5.6.*

[5] **A.**

[6] B.   (21) Pour Nicolle Ysenbourc, jadis femme de Nicollas
Halonni : vigilles a III leçons, messe haulte et Libera sur sa
sépulture, assigné sur ung quartier de vingne a Culfroid.

V s. p.

X s. p.*

[7] C.   (22) Pour Damianne Gallot, jadiz femme de Mery
Charpentier : vigiles a neuf pseaulmes et neuf leçons et
recomandaces, haulte messe et Libera sur sa sepulture, assigner
sur troys quartiers de terre assis en Montaton. Tenant a Pierre
Dinoy aboutissant d'un bout a Colas Pelé.

[[VIII s. IX d.t.]]| *VII s.p.*

XV s. t.*

1.2.3.4.5.6.*

[8] D.   (23) Pour Guillaume Gallot et Perrette Fourniere : vigilles a
neuf leçons, haulte messe et Libera sur sa sepulture, assignee sur
demy quartier de vingne assis prés le cimetiere Saint Michel.

Tenant des deulx boultz a Pierre Mercier, d'ung costé a Nicollas Pellé. Ladite Fourniere est detenteure.

V s. p.

VIII s. p.*

fol. 7

[10] F.

[11] G.

[12] **A**.

[13] B. (24) Pour Jehanne Gallot, femme de Jehan Martin dit Cordeau : vigiles a neuf pseaulmes et neuf leçons, haulte messe, assigner sur une espace et demye de maison joignant la mare des Bance, court et jardin. Tenant aux hoirs de Giraud Gallot et aultres aboutissant d'un bout a la grande rue du lieu.

[[VII s.VI d. t.]]| *VI s.p.*

[...]*

1.2.3.4.5.6.*

[14] C.

[15] D.

[16] E.

[17] F.   (25) Pour Cosme Chantecler, fils de Damian Chantecler, une messe basse assigner sur [...].

[[III s.t.]]| *II s. IIII d. p.*

V s. t.*

1.2.3.4.5.6.*

[18] G.

fol. 8

[19] **A**. (26) Pour Jehan Boille : vigilles a neuf pseaulmes et neuf leçons, haulte messe assignee sur ung quartier de vigne assis au chantier des Loges, tenant à Loys Locart.

V s. p.

[...]*

[1.2.3.4.] 5.6.*

[20] B.   (27) Pour messire Jacques Dabon : une messe basse laissee par deffunct Jehan Bance, assignees sur l'heritaiges des Michault.

III s. p.

[...]*

1.2.3.4.5.6.*

[21] C.

[22] D. (28) Pour Guillaume Loriflant : vigiles a neuf pseaulmes et neuf leçons, haulte messe et Libera sur sa sépulture, assigné sur ung arpent cinq perche de terre, assis en Montaton. Tenant d'une part a Richard Boullard.

> [[X s. t.]] | *VIII s. p.*
> [...]*
> 1.2.3.4.5.*

[23] E.

[24] F. Sainct Mathias.

[25] G. (29) [[Pour Nicolle Ysambourct, femme de Nicolas Halouan, vigiles a 3 leçons, haulte messe et Libera sur sa sepulture.]]

> *V s. p.*
> X s. p.*
> 1.2.3.*

[26] **A.** (30) Pour messire Philippe Gorgette et Denise Lagrand sa soeur : deux obiits, a chacun vigilles a neuf pseaulmes et neuf leçons, haulte messe assignez sur l'heritaige qui fut a deffunct Hubert Loriflant, par luy acquis d'un nommer Husgues Despin.

> *X s. p.*
> XX s. t.*
> 1.2.3.4.5.6.*

[27] B.

[28] C.

fol. 9 [*refait au XVIIIe siècle*]

MARS

[1] D.

[2] E.

[3] F.

[4] G.

[5] **A.**

[6] B.

[7] C.

[8] D.　　(31) [[…]] [fol. 10] Colas Pelé comme heritiers de deffuncte Marie Artage, veuve de deffunct Guillaume Michau.

[[VI s. III d. t.]] | *V s. p.*]

[9] E.　　(32) Pour Charles Bance.

[10] F.

[11] G.　(33) Pour deffunct messire Marin Gallot prestre : une messe basse, pain et vin assignee sur quartier et demy de vigne, assis au chantier des Loges, dont est de present detempteur Jehan Julian. Tenant d'une part a Jehan Michau et aultres. (lumine pour les dessus et l'autre pour deffunct messire Jacques Dabon qui ce doit dire le XVe mars : III s. t. | p.) [[Les héritiers dudit Gallot doibve le pain et vin.]]

[[VI s. t.]] | *IIII s. p.*

[…]*

[12] **A.**

[13] B.　(34) [[Pour messire Jacques Dabon : une messe basse laissee par feu Jehan Bance assigné sur l'heritage des Michault ainsi qu'il est declarez alibi au moys de janvier]] [1].

[[III s. IX d. t.]] | *III s. p.*

[13]

[14] C.

[15] D.　(35) [[Pour Perrette, femme de Jehan Fontaine : une messe haulte assignee sur demy arpent de prez que tient l'eglise assis aux Scentiers, tenant au sieur de Laulnoy.]]

[[V s. t.]]

[16] E.

fol. 11 [*refait au XVIIIe siècle*]

[17] F.

[18] G.

[19] **A.**

[20] B.

[21] C.

1　Le 7 janvier (4).

fol. 12

[22] D.   (36) Pour messire Jacques Dabon : vigilles a neuf pseaulmes et neuf leçons, haulte messe, pain et vin, assigné sur les heritiers de feu Robert Mareschal, de Rousieres, vingt sols parisis et les aultres six sols parisis sur une maison dont de present est jouissant Cosme Lamy.

[[VI s. III d. t.]] | *IIII s. IIII d. p.*

pour le pain et le vin [[XV d. t.]] | *XV s. p.*

[23] E.

[24] F.

[25] G.   (37) [[Pour messire Philippe Gorgette, prestre, et pour Denise Lagrand sa seur : deux obiits ung jour apres l'autre, a chacun vigilles a IX pseaulmes et IX leçons, haulte messe, assigner sur l'heritages qui feu Hubert Loriflant, dont de present est jouissant Richard Boullard et les enffens feu Guillaume Loriflant. Ledit heritage avoi esté acquis par ledit Loriflant d'un nommer Hugues Despin.

XII s. VI d. t.]] | [[*X s. p.*]]

[…]*

[1.2.3.4.5.]*

[26] **A**.

[27] B.

[28] C.

[29] D.   (38) [[Pour deffunct Jehan Boille : vigiles a neuf leçons, haulte messe assigné sur ung quartier de vigne assis au chantier des Loges. Tenant d'une part a Loys Locard, dont de present sont detempteurs Jehan Julian, Denis Chantecler et …]]

[[X s. t.]]*

alibi in mense februari*[1]

fol. 13 [*refait au XVIIIᵉ siècle*]

[30] E. [*déficit dans l'original*]

[31] F. [*déficit dans l'original*]

fol. 14

---

1   Le 19 (26).

AVRIL

[1] G.

[2] **A**.

[3] B.

[4] C.   (39) Pour deffunct messire Jacques Dabon, en son vivant curé
         dudit lieu : vigiles a neuf leçons, haulte messe, pain et vin, alibi
         au moys de mars [1].

[[VI s. III d. t.]] | *V s. IIII d. p.*

[[pour le pain et le vin, XV d. t.]]*

1.2.3.4.5.*

[5] D.

[6] E.

[7] F.   (40) Pour deffunct Guillaume Boullard : vigilles a troys leçons
         haulte messe et Libera sur sa fosse, assigner sur une maison prés
         la croix, dont est a present detempteur Jehan Julian.

[[IIII s. t.]] | *V s. p.*

VIII s. IX d. t.*

1.2.3.4.5.*

[8] G.

[9] **A**.

[10] B.

fol. 15

[11] C.   (41) Pour Denise, femme de Mathurin Brissonnet : une messe
         basse assignee sur la tierce partye d'un quartier de vigne assis au
         vignol de Saulx, au lieu dit La Baste, aboutissant au chemin qui
         tend de Marcoussis a Longjumel.

[[III s. t.]] | *II s. IIII d. p.*

[...]*

1.2.3.4.5.*

[12] D.

[13] E.

[14] F.   (42) Pour deffuncte Jehanne Girard, jadiz femme de Jehan
         Chastelier : vigiles a troys leçons, haulte messe et Libera sur sa

---

1   Le 22 (36).

sepulture, assigné sur troys quartiers de vigne en une piece assise au dessus des Grouettes. Tenant a Germain Girard d'un bout en poincte au seigneur de Laulnoy.

[[VI s. III d. t.]] | *V s. p.*

[...]*

1.2.3.4.5.*

[15] G.

[16] **A.**

[17] B.

[18] C. (43) Pour deffunct Gervais Barraguer et sa femme : troys messe basse, assignee sur une espace de maison assise a Rouillon, paroisse de Nozay, dont sont detempteurs les heritiers feu Jehan Barragner fils dudit deffunct Gervais Barragner. Item sur troys arpans de terre et demy arpent de vigne prés ledit lieu. Tenant aux hoyrs dudit Barraguer d'un bout, a la terre susdite et d'aultre a Denis Martin.

[[VI s. t.]] | *V s. p.*

XV s. t.*

1.2.3.4.5.*

[19] D.

fol. 16

[20] E.

[21] F. (44) Pour Jehanne, en son vivant femme de Baltezard Gallot : vigiles a troys leçons, haulte messe, assignee sur une maison et pourprinse qui feut Jehan Gallot l'aisné. Tenant a la grand rue dudit lieu aboutissant aux hoyrs Boullard.

[[V s. t.]] | *IIII s. p.*

X s.t.*

1.2.3.4.5.*

[22] G.

[23] **A.** (45) Pour deffuncte Jacquelot, veufve de feu Jehan de La Chaize : vigiles a neuf leçons, haulte messe assignez sur une maison ou de present demeure Pierre Pelé. Tenant a Colas Pelé prés le russeau qui descend de la fontaine saincte Geneviefve.

[[VII s. VI d. t.]] | *VI s. p.*

X s. t.*

1.2.3.4.5.*

[24] B.

[25] C. Saint Marc.

[26] D. (46) Pour deffunct Guillaume Gallot l'aisné : vigiles a neuf leçons, haulte messe, assignez sur demy arpent de terre et vigne pres l'eglise dudit lieu dont est a present detempteur Mery Charpentier. Tenant d'une part a messire Hubert Michau, d'un bout a Jehan Gauconnier.

$$[[\text{VI s. III d. t.}]] \mid V\,s.\,p.$$
$$\text{X s. t.}^*$$
$$1.2.3.4.5.^*$$

[27] E.

[28] F.

fol. 17 [*refait au XVIIIᵉ siècle*]

[29] G. [*déficit en l'original*]

[30] **A.** [*déficit en l'original*]

fol. 18

MAI

[1] B. Sainct Philippe et sainct Jacques.

[2] C. (47) Pour deffunct messire Jacques Dabon, en son vivant curé dudit lieu : vigilles a neuf leçons, pain et vin et chandelle, assigner sur une maison assise a Rousieres, alibi au moys de mars [1].

$$[[\text{VIIs.VI d.}]] \text{ comprenant le pain et le vin} \mid V\,s.\,IIII\,d.\,p.$$
$$1.2.3.4.5.^*$$

[3] D. (48) Pour deffuncte Marion Girard, en son vivant veuve de deffunct Guillaume Cherpentier : une messe basse assise sur ung quartier de vingnes que tient Symon Mesnier a cause de l'achat qu'il en faict.

[4] E. (49) Pour deffunct Johannes Gallot, une messe, pain et vin assignee sur sept arpens de terre, avecques une maison, granche et cave, le tout tenant ensemble, assis au vilage de Saint Michel. Tenant au chemin par lequel on va au Saulger. Item sur deux arpens et demy de terre assis aux noiers de Montaton, tenant aux

---

1   Le 22 (36).

hoirs de Mathurin Moreau. [[donct les marguiliers n'en sont point tenu audit obit, ledit curé se doibt le fere, voyez may penultieme.]]

[[IIII s. t. comprenant pain et vin]]

IIII s. t. comprenant pen et le vin*

1.2.3.4.5.*

[5] F.   (50) Pour Pregente Pellé jadiz femme de Jehan Michau : vigilles a 3 leçons, haulte messe et Libera sur sa sepulture, assignez sur une piece de vigne assise au chantier des Loges. Tenant a Charles Bance. Item sur [...].

IIII s. p.

VII s. p.*

1.2.3.4.5.*

[6] G.   (51) Pour Denis Rouseau : une messe haulte vigilles et commandaces, a prendre sur demi quartier de vingne assis a Launoy Galot dont est a present detenteur Mathurin Chambart comme tuteur des enfans dudit deffunt et de sa femme.

[7] **A.**   (52) Pour Mathurine Maucouvent, femme de Gounyn Moreau, de Guypereulx, assigner sur une maison assise a Saint Michel, dont est de present detempteur Mery Charpentier pres la court des Gallots. Tenant a la cave de Jacques Lambert.

VI s. p.

XV s. t.*

1.2.3.4.5.*

[8] B.

fol. 19

[9] C.

[10] D.   (53) Pour feu Jehan Gallot, fils de deffunct Roullet Gallot : vigilles a neuf leçons, haulte messe, assignez sur les heritages de Mery Charpentier et de Pierre Mercier et Denis Rousseau, Plege et aultres, assis audit Saint Michel.

[[VI s. III d.t.]] | *IIII s. IIII d. p.*

X. s. t.*

1.2.3.4.5.* – *(dessin d'une croix)*

[11] E.

[12] F.   (60) [[Pour feu messire Jacques Dabon, en son vivant curé de céans : une messe basse, pain et vin qui doit estre offrir [1] par les prochains parens dudit Gallot ainsi qu'il est contenu au lés dudit deffunct. Me Marin Gallot.]]

III s. p.
[alibi elle se doit fere au moys de]*
laissee par feu messire Marin Gallot*

[13] G.

[14] **A**.

[15] B.   (61) Pour deffuncte Laurence, jadiz femme de deffunct Jehan Maucouvent, de Guyperreulx : vigiles a neuf leçons, haulte messe, pain et vin, assignez sur sept quartiers de terre, prés la chaussé de Guyperreulx. Tenant aux hoirs feu Jehan Lehoulx, aboutissant au chemein tendant a Chastre. Item demy quartier de pré assis en la prairye dudit lieu, aboutissant au terre de la Tiphoyne et d'aultre bout au sieur de Laulnoy et Boille.

1.2.3.4.5.*

[16] C.

fol. 20

[17] D.   (62) Pour deffunct Pierre Cordeau, de Longpont : vigilles a troys leçons haulte messe et Libera a la fin, assignez sur une maison prés la croix Bruissee dudit Saint Michel, dont est a present detempteur Renez Le Tonnellier. Tenant d'une part et d'aultre a Fiacre Maubert.

[[VI s. III d. t.]] | *V s. p.*
X s. t.*
1.2.3.4.5.*

[18] F.

[20] G.   (63) Pour deffunct Michel Gallot : une messe basse assignee sur une maison, dont sont detempteurs a present Jehan Gallot le jeune et Pierre Mercier a causse de l'aquisission par luy faicte dudit Gallot. Tenant a Nicollas Le Longt.

[[III s. III d.t.]] | *II s. VI d. p.*
VI s. III d. t.*
1.2.3.4.5.*

1   *Sic* ms.

[21] **A.**

[22] **B.**

[23] **C.** (64) Pour deffuncte Jehanne Loriflant, jadis femme de Jehan Herpin : vigiles a neuf leçons, haulte messe, assignez sur ung quartier de vigne assis derriere l'eglise dont est a present detempteur Richard Boullard. Tenant a Jacques Lambert et d'aultre audit Boullard.

[[VII s. VI d. t.]] | *VI s. p.*
X s. t.*
1.2.3.4.5.*

[24] D.

fol. 21.

[25] E.

[26] F.

[27] G.

[28] **A.** (65) Pour Ondinne, jadiz femme de deffunct Roullet Gallot : vigilles a neuf pseaulmes et neuf leçons, haulte messe, assignee sur ung quartier de vigne derriere l'eglise, dont est detempteur Nicolas Trudain a cause de sa femme. Tenant a messire Hubert Michau et d'aultre a Jacques Lambert aboutissant aux Cordeaux.

[[VI s. III d. t.]] | *V s. p.*
XII s. VI d. t.*
1.2.3.4.5.*

[29] B.

[30] C.

[31] D.

fol. 22

JUING

[1] E.

[2] F. (66) Pour deffunct Jehan Pelé le jeune : une messe haulte assignee sur ung quartier de vigne, assis au chantier des Loges.

Tenant a Richard Boullard et d'aultre a Jehan Bourdon de Rousieres d'un bout par hault et a Loys Locard, dont est a present detempteur Nicolas Pelé.

[[V s. t.]] | *III s. III d . p.*
[...]II s. I d. t.*
1.2.3.4.5.*

[3] G.   (67) Pour deffuncte Parrette Cordeau, veufve de deffunct Guillaume Mazallon : une messe basse assignee sur ung quartier de vigne dont a present sont detempteurs Jehan Julian et Richard Boullard et Loys Locard assis prés l'eglise. Tenant a messire Hubert Michau et Jehan Goconnier, aboutissant par bas a la veuve Herpin.

[[V s. t.]] | *IIII s. p.*
[...] s. t.*
1.2.3.4.5.*

[4] **A.**

[5] B.

[6] C. Sainct Claude.

(68) Pour deffunct Guillaume Michau : vigiles a neuf psaulme et neuf leçons, haulte messe et Libera sur sa sepulture, assignez sur une maison assise au Plessis dont est detempteur Jehan Michau, demeurant audit Plessis Pasté.

[[VII s. VI d. t.]] | *VI s. p.*
XXVII s. VI d. t. la somme pour deux obits*
1.2.3.4.5.*

[7] D.

fol. 23

[8] E.

[9] F.   (69) Pour deffunct Jehan Doublet l'aisné : vigilles a neuf leçons et recommandaces, pain et vin, Libera sur sa sepulture, assigné sur neuf quartiers de terre, assis en Montaston, dont a present est detempteur Guillaume Mittet a cause de sa femme. Tenant a Michel Hardi et Charles Bance, aboutissant par hault au chemin tendant de Longpont au Plessis Pasté.

[[XII s. VI d. t.]] | *X s. p.*
XX s. t.*
1.2.3.4.5.*

[10] G.

[11] **A.** SAINCT BARNABÉ.

[12] B. (70) Pour l'intencion de Isaac Gallot et Catherine Fournier, jadis sa femme : vigiles et recommandaces et haulte messe et Libera, en faisant la procession a yssue de la messe pour leurs amiz trespassez, assignez sur la maison de Pierre Mercier, par luy acquise de Nicolas Le Longt. Tenant a Pierre Pleget aboutissant d'un bout a la grand rue dudit sainct Michel.

[[XII s. VI d. t.]] | *X s. p.*

XX s.t.*

1.2.3.4.5.*

[13] C.

[14] D. (71) Pour deffuncte Jehanne Clignet, jadiz femme de Michel Pasquier : vigiles a neuf leçons, haulte messe, pain et vin et Libera sur sa fosse, assignee sur une maison dont a present est detempteur en partye Jehan Ramon. Tenant prés la mare de Charles Bance.

[[VI s. III d. t.]] | *V s. p.*

X s.t.*

1.2.3.4.5.*

[15] E.

fol. 24

[16] F.

[17] G.

[18] **A.** (72) [[Pour deffuncte Jehanne Desvaulx, en son vivant femme de Pierre Sogeron l'aisné : vigiles a neuf leçons, haulte messe, assignee sur une maison et jardin. Tenant aux hoirs feu Hubert Loriflant, d'aultre aux hoirs feu Pierre Boille d'un bout a la grante rue]].

VI s. III d. t.

XII s. VI d. t.*

1.2.*

[19] B. (73) Pour deffuncte Jehanne Serans, femme de Jehan Berthe de Montlhéry : une messe basse assignee sur une maison dont est detempteur Loys Locart et aultres.

II s. IIII d. p.

V s. t.*

1.2.3.4.5.*

[20] C.   (74) Pour Jehan Adam, Jehanne Baraguer sa femme [[jadiz veuve de feu Jehan Adam]] : vigilles a 3 leçons, haulte messe assignee sur [*inachevé*]

IIII s. p.
VIII s. p.*
1.2.3.4.5.*

[21] D.

[22] E.

[23] F. Vigilia.

[24] G. Sainct Jehan Baptiste.

fol. 25

[25] **A.**

[26] B.

[27] C.

[28] D.   (75) Pour Pregente Chaulve, jadiz femme de Nicolas Le Longt : vigiles a neuf leçons et recommandaces, haulte messe et Libera sur sa sepulture assigner sur ung quartier de vigne prés l'eglise. Tenant a Geuffroy Chaulve et d'aultre part a la veuve feu Nicolas Trudain, dont est a present detempteur ledit Le Longt.

[[X s. t.]] | *VIII s. p.*
XV s. t.*
1.2.3.4.5.*

[29] E. Vigilia. Sainct Pierre et Sainct Paul.

(76) Pour deffuncte Jehanne Baraguer, en son vivant femme de deffunct Hubert Loriflant : messe haulte, vigilles a IX leçons, recommandaces, assignee sur demy arpent de […] arpent de vingne que tient Jehanne Galot.

[30] F.

fol. 26

JUILLET

[1] G. (77) Pour deffuncte Denise, veufve de deffunct Jehan Bance : deux obitz ung jour aprés l'autre. A chacun d'iceulx, vigiles a neuf leçons et haulte messe pain et vin et Libera sur sa sepulture, assignez sur quatre arpens de terre, assis a la Renoulliere, dont sont a present joissant et detempteurs la veufve et heritiers de feu Nicolas Bance et Pierre Desnes, a cause de l'acquisission par faicte de la veufve Robert Herpin. Tenant et aboutissant au chemin tendant dudit Saint Michel a Saincte Geneviefve et d'aultre bout au russeau qui descend de la fontaine Saincte Geneviefve.

[[XVII s. VI d. comprenant le pain et vin]] | *XIIII s. p.*
XXX s. t.*
1.2.3.4.5.*

[2] A.

[3] B.

[4] C.

[5] D.

[6] E.

[7] F. (78) Pour Jehanne Bazilles, veufve de deffunct Michel Gallot : une messe basse assignee sur une maison, ainsi comme il est declarez en l'obit dudit deffunct Michel Gallot [1].

[[III s. III d. t.]] | *II s. VI d. p.*
VI s. III d. t.*
1.2.3.4.5. *

fol. 27

[8] G. (79) Pour deffunct messire Symon George : vigiles a neuf leçons et une messe haulte, par cy devant assigner sur la maison qui fut Hubert Loriflant. Du depuys ladite rente a esté racheptee par ledit Loriflant et l'argent du rachapt feu baillé a ung nommer Fouchiere et Pierre Bonniaulx du Plessis Pasté ; et l'an V^c LII ladite rente feu racheptee par ung nommer Nicolas Du Riva \e. m. gendre dudit Bonniau/, et l'argent du rachapt feu baillé a Jehan Gallot l'aisné, demourant en ceste paroisse de Saint Michel, qui a faict constitution desdit douze sols parisis sur deux espace de maison et terre labourable, court et jardin, le tout contenant troys

---

1 Le 20 mai (63).

quartiers ou environ. Tenant a la grand rue dudit lieu, d'un bout a Jehan Julian.

[[VII s. VI d. t]] | *VI s. p.*

[9] **A.**

[10] B.

[11] C.

[12] D.

[13] E.   (80) Pour deffunct Parvet Cordeau de Mon[...] : une messe basse assignée sur ung quartier de vigne derriere l'eglise, dont a presaent est detempteur Jehan Michau et autres, tenant a Nicolas Pelé, [fol. 28] aboutissant par hault a Richard Boullard et d'aultre bout a Robert Michau, ung fossé entre deux.

III s. t.]] | *II s. IIII d. p.*
V s. t.*
1.2.3.4.5.*

[14] F.

[15] G.

[16] **A.**   (81) Pour deffuncte Denise Boutet, femme dudit Parvet Cordeau : une messe basse assigné sur vignes prés l'eglise Saint Michel dont a presant est detempteur Jehan Goconnier. Tenant d'une part a Mery Charpentier et la veuve Hermand, d'aultre audit Goconnier et Estienne Bessain, d'un bout a messire Hubert Michau.

[[III s. II d. t.]] | *II s. I d. p.*
[...]*
1.2.3.4.5.*

[17] B.

[18] C.

[19] D.   (82) Pour deffunct Robin Pelé : vigiles a neuf leçons, haulte messe, assignee sur une maison, court et jardin dont a present est detempteur Nicolas Pelé. Tenant d'une part aux hoirs feu Hubert Loriflant et d'aultre au russeau qui descend de la fontaine Saincte Geneviefve aboutissant a Fiacre Maubert.

[[VI s. III d. t.]] | *IIII s. p.*
X s. t.*
1.2.3.4.5.*

fol. 29 [*refait au XVIIIe siècle*]

[21] F. [*en deficit*]

[22] G.

[23] **A.**

[24] B.

[25] C.

[26] D.

[27] E.

[28] F.

[29] G.

[30] **A.**

[31] B.

fol. 30

AOUST

[1] C.

[2] D.

[3] E.   (83) Pour Damianne Lagrand, jadiz femme de Robert Herpin :
vigiles a neuf leçons, haulte messe, pain et vin, assignez sur une
maison assise a Montlery prés la rue Christofle des Saulx, dont est
detempteur Noel Fournier. Item sur demy arpent de vigne assis a
Laulnoy Gallot dont a present sont detempteurs Jehan Gastineau
et Michel Herpin le jeune, demourans a Villemoisson. Tenant
d'une part a messire Hubert Michau et d'aultre a Nicolas Roux,
d'un bout au russeau qui descend de la fontaine Saincte
Genevieve.

[[VI s. III d. t. comprenant pain et vin]] | *V s. p.*
X s. t.*
1.2.3.4.5.*

[4] F.

[5] G.

[6] **A.**

[7] B.   (84) Pour deffuncte Margueritte, jadiz femme de Gervais
Barragner : une messe basse, assignee sur une maison, alibi au
moys d'avril ainsi qu'il est declarez aux obiitz dudit Barragner in
mense aprilis.

[[III s. t.]] | *II s. III d. p.*
1.2.3.4.5.*

fol. 31

[8] C.

[9] D.

[10] E. Vigilia. Sainct Laurens.

[11] F.

[12] G.

[13] **A.**

[14] B.   (85) Pour Michel Herpin l'aisné : vigilles et recommandaces, haulte messe et Libera, la somme de dix sept sols parisis de rente assignés sur les heritaiges de Pierre Pellé.

X s. p.
XXI s. III d. t.*
1.2.*

[15] C. Vigilia. L'assumption Notre Dame.

fol. 32

[16] D.   (86) Pour deffunct Jehan Pelé l'aisné : vigiles a neuf leçons, haulte messe, pain et vin et Libera sur sa sepulture, assigné sur une maison dont est détempteur Nicolas Pelé, ainsi qu'il est declarez au moys de mars [1].

[[VII s. II d. t. pour le pain et vin XV s. t.]] | *VI s. III d. p.*
1.2.3.4.*

[17] E.

[18] F.

[19] G.

[20] **A** [2].

[21] B.

[22] C.   (87) Pour deffunct Pierre Boullard : vigiles a neuf leçons, haulte messe et Libera sur sa sepulture, assignez sur ung quartier de vigne en deux pieces prés l'eglise dont a present sont detempeurs Richard Boullard et Loys Locard. Tenant d'une part a Jehan Julian et d'aultre part a messire Hubert Michau et Jehan Goconnier.

[[VII s. VI d.]] | *VI s. p.*
[…]X s. t.*
1.2.3.4.5.*

fol. 33

---

1. La notice ne se retrouve pas en mars, mais il manque le f. 13 : 30-31 mars.
2   Les quantièmes ajoutés au XVIIIᵉ siècle sont erronés : le 19 a été répété et le 22 omis.

[23] D.

[24] E. Sainct Bartholomi.

[25] F.

[26] G.

[27] **A**.   (89) Pour deffunctz Jehan Aubry et Rouline sa mere : deux obitz ung jour enssuyvant l'autre. A chascun vigiles a neuf leçons et haulte messe, assignee sur deux espace de maison, court et jardin, dont a present et jouissante Perrette Barragner veufve de deffunct, tenant la totalité d'une part a Antoine Le Noir a cause de sa femme seur dudit Aubry.

[[XV s. t.]] | *XII s. p.*

XX s. t.*

1.2.3.4.5.*

[28] B.

fol. 34

[29] C.

[30] D.

[31] E.

fol. 35

SEPTEMBRE

[1] F. Sainct Gilles.

[2] G.

[3] **A**.   (89) Pour deffunct Michel Boullard : vigiles a troys leçons haulte messe et Libera sur sa sepulture, assignez sur une maison, court et jardin prés la Croix Bruissee, dont est jouissant Jehan Julian. Tenant d'une part et aboutissant a la grand rue dudit Saint Michel.

[[VI s. III d. t.| V s. t.]]| *IIII s. II d. p.*

item quatre solz tournois, non subgect a obit [[IIII s. p.]]| *III s. II d. p.*

[[X s. t.]]*

1.2.3.4.5.*

VIII s. IX d. t.*

[4] B.

[5] C.

[6] D.

[7] E.

fol. 36

[8] F. Nativitas Beate Marie.

[9] G.

[10] **A.** (90) Pour deffunct Phelipe Loriflant : deulx messes, une haulte et l'autre basse, vigilles et commandaces, et pour ce a donné demi quartier dc vingnc.

[11] B.

[12] C.

[13] D.

[14] E. Saincte Croix.

   (91) Pour Gillette Michau, jadiz femme de Guillaume Charpentier le jeune : une messe basse, assignee sur ung quartier de vigne, assis au terrouer de Bretigny, chantier de Couldegay, dont est jouissant Jehan Michau l'aisné. Tenant a messire Hubert Michau aboutissant a Loys Locard.

III s. IX d. p.

VII s. VI d. t.*

1.2.3.4.5.*

fol. 37

[15] F.

[16] G.

[17] **A.**

[18] B. (92) Pour deffunct Guillaume Ysambourct : une messe basse De profondis a la fin de la messe, laissee par deffuncte Jehanne Rivallet veufve dudit deffunct, assignee sur une maison qui tient deux espace ou environ, court et jardin et terre labourable dont est detempteur Pierre Brosset et aultres, aboutissant d'un bout a la grand rue, et d'aultre bout au chemein tendant de Longpont au Plessis Pasté.

III s. [[IX d. t.]] *p.*

[19] C.

[20] D.

[21] C. Vigilia. Sainct Mathieu.

[22] F.

fol. 38

[23] G. (93) Pour deffuncte Marie Artage, veufve de deffunct Guillaume Michau : vigiles a neuf lecons, haulte messe et Libera sur sa sepulture, alibi au moys de mars [1].

[[VII s. VI d. t.]]| *VI s. p.*
1.2.3.4.5.*

[24] **A.**

[25] B.

[26] C.

[27] D. (94) Pour deffunct Robin Chastellier : une messe basse, assignee sur une maison et jardin, dont est a present detempteur Pierre Galopin. Tenant d'une part a Robert Meusnier, aboutissant a la grand rue dudit Saint Michel.

III s. [[IX d. t.]]| *p.*
VII s. VI d. t.*
1.2.3.4.5.*

[28] E.

[29] F. Sainct Michel ange.

(95) Pour deffunct Me Hubert Michau sera dict ung obiitz avecqz vigilles a neuf psaulmes et neuf leson et laudes et commandace, pain et vin, assigné sur un arpent de terre comprise es boys de Launay, donct est jouissant Toussainct Lerou. Tenant d'une par a Nicollas Pellé et a gendre de Goringan Forot.

[[VII s. VI d. t.]]| *VI s. p.*
XV s. t.*

fol. 39

[30] G.

fol. 40

1. Le 8 (31).

OCTOBRE

[1] A.

[2] B.

[3] C.

[4] D.

[5] E.

[6] F.

fol. 41

[7] G.   (96) Pour deffuncte Jehanne Gallot, jadiz femme de Gervais Court, vigiles et recommandaces, haulte messe et une basse et Libera sur la sepulture de ses feu pere et mere, assignee sur une maison couverte de tuille, court et jardin et terre labourable, le tout tenant ensemble contenant cinq arpens ou environ. Tenant a deux chemeins tendant dudit Saint Michel aux Bordes Cocheretz, dont est a present detempteur Mery Charpentier, a cause de l'acquisission par luy faicte de Nicolas Trudain.

[[XI s. III d. t.]]| *IX s. p.*

XV s. t.*

1.2.3.4.5.*

[8] A.

[9] B. Sainct Denis.

(97) Pour deffunct Jehan Michau, frere de Guillaume Michau, sera dict une obiit messe haulte et Libera a la fin de la messe, assigné sur la maison defunct Me Hubert Michau pres la croyx.

quatre s. p.

sept s. p.*

[10] C.

[11] D.

fol. 42

[12] E.

[13] F.

[14] G.

(98) Pour deffunct Jehan Pelé l'aisné : vigiles a neuf lecons haulte messe, pain et vin et chandelle, Libera sur sa sepulture,

assignez sur une maison dont est jouissant Nicolas Pelé ; il en est faict mention au moys de mars [1].

[[VII s. I d.]] pour le pain et vin [[XV s. t.]]| *VI s. VIII d. p.*
1.2.3.4.5.*

[15] **A.**

[16] B.

[17] C.

fol. 43

[18] D. SAINCT LUC.

[19] E.   (99) Pour deffunct Nicolas Bance, vigiles a troys lecons et une haulte messe et une basse, assignee sur une piece de vigne assise au chantier de La Tiphoyne, contenant ung arpent terre, dont est detempteur la veuve dudit deffunct et Charles Bance son fils. Tenant aux hoirs dudit deffunct, aboutissant par bas sur les terres.

Dudit obit les margliers ne sont subgect audit curé.

IX s. IIId. t.
cinq sols*
[1.2.3].4.5*

[20] F.

[21] G.

[22] **A.**

[23] B.

[24] C.

fol. 44 [*manque*]

[25] D.

[26] E.

[27] F.

[28] G.

[29] **A.**

[30] B.

[31] C.

1   La notice ne se retrouve pas en mars, mais les 30-31 manquent ;

fol. 45

NOVEMBRE

[1] D. LA TOUSSAINCTZ.

[2] E. LES TRESPASSEZ.

[3] F. SAINCT MARCEL, EVESQUE DE PARIS.

[4] G.

[5] **A**.

[6] B.

[7] C.   (100) Pour deffunct messire Jehan Le Roux : une messe basse assignee sur une maison, court et jardin dont jouissant Robert Musnier. Tenant a Pierre Galopin et Charles Bance.

III s. [[IX d. t.]]| p.
VII s. VI d. t.*
1.2.3.4.5.*

fol. 46

[8] D.

[9] C.

[10] F.   (101) Pour deffunct Audri Gallot : vigiles et haulte messe, assignee sur ung quartier de vigne assis au chantier des Loges, dont est jouissant Denis Rousseau et Jacques Lambert. Tenant a Pierre Meunau aboutissant aux hoirs feu Pierre Cordeau.

[[VI s. III d. t.]]| *V s. p.*
X s.*
1.2.3.4.5.*

[11] G. SAINCT MARTIN.

[12] **A**.   (102) Pour deffuncte Laurence, femme de Jehan Maucouvent, de Guyperreulx : une messe basse, pain et vin, assignee sur sept quartiers de terre et demy quartier de pré. Il en est faict mention au moys de may a l'esglise et cure dudit Saint Michel [1].

1.2.3.4.5.*

[13] B.

[14] C.

---

1   Le 15 (61).

[15] D.

fol. 47

[16] E.

[17] F.

[18] G. (103) Pour deffunct Hubert Loriflant et Colette sa femme :
     deux obitz, a chascun vigiles a neuf leçons et haulte messe, l'un
     jour apres l'autre. Assigné sur une piece de terre contenant neuf
     quartiers ou environ assis au Saulger, dont est jouissant Richard
     Boullard. Tenant d'une part et d'aultre aux hoirs de feu M^e
     Geuffroyt Le Maistre aboutissant a la voye des Dagrons.

                              [[XVII s. VI d. t.]]| *XIIII s. p.*
                                              XXV s. t.*
                                              1.2.3.4.5.*

[19] **A**.

[20] B.

[21] C. (104) Pour deffuncte Jehanne Michel, veufve de feu Jehan
     Boille, vigiles a neuf leçons et recommandaces, haulte messe,
     assignez sur ung quartier de vigne derriere l'eglise dont sont
     jouissant les heritiers feu Pierre Boille. Tenant d'une part et
     d'aultre de Denis Chantecler et Colas Pelé, aboutissant par bas a
     la veuve et heritiers Jacques Rousseau.

                              [[VI s. III d. t.]]| *V s. p.*
                                              X s. t.*
                                              1.2.3.4.5.*

fol. 48

[22] D.

[23] E.

[24] F.

[25] G. Saincte Catherine.

[26] **A**.

[27] B. (105) Pour deffuncte Guillemette de Leaulne, veufve de
     deffunct Parvet Charpentier, une messe basse, assignee sur une
     maison dont est jouissante la veuve de deffunct Guillaume
     Charpentier le jeune, fils de ladite de Leaulne, ladite maison
     tenant a Jehan Chastelier, aboutissant a la grand rue dudit Saint
     Michel.

                              [[III s. t.]]| *II s. IIII d. p.*
                                              V s. t.*
                                              1.2.3.4.5.*

[28] C.

[29] D.

fol. 49

[30] E. Vigilia. Sainct André.

fol. 50

DECEMBRE

[1] F.

[2] G.   (106) Pour deffuncte Jehanne, en son vivant veufve de Jehan
Charpentier l'aisné : vigiles a neuf lecons, haulte messe, assignee
sur demy arpent de vigne en Culfroyt, dont est jouissant Mery
Charpentier. Tenant d'une part a Denis Chantecler et d'aultre a
la veuve et heritier de feu Robert Herpin, aboutissant a la voye
des Dagrons.

[[VI s. III d. t.]]| *V s. p.*

X s. p.*

1.2.3.4.5.*

[3] **A.**

[4] B. Saincte Barbe.

[5] C.

[6] D. Sainct Nicolas.

fol. 51

[7] E.   (107) Pour deffunct Guillaume Michau : vigiles a neuf leçons
haulte messe et Libera sur sa sepulture, assigner sur une maison,
ainsi qu'il est declarez au moys de juing [1].

[[VIIs. VI d.]]| *VI s. p.*

1.2.3.4.5.*

[8] F. La Conception Notre Dame.

[9] G.

[10] **A.**

---

1   Le 6 (68).

[11] B.

[12] C. (108) Pour deffunct Guillaume Charpentier le jeune : une
messe basse assignee sur deux pieces de vigne assise aux
Grouette, contenant ung quartier ou environ, dont est jouissante
Marion Girard, veufve dudit deffunct. Tenant aux hoirs Barbe
Bourgeron, jadiz femme de Jehan Constant.

[[III s. III d.]]| *II s. VI d. p.*

VI s. III d. t.*

1.2.3.4.5.*

fol. 52

[13] D.

[14] E.

[15] F.

[16] G. (109) Pour Olint, jadiz femme de Jehan Pelé l'aisné : une
messe basse assignee sur ung quartier et demy de vigne assis en
Culfroyt dont est jouissant Nicolas Pelé. Tenant a Antoine Le
Noir aboutissant a la voye des Dagrons.

III s. [[IX d. t.]]| *p.*

I s. VI d. t.*

1.2.3.4.5.*

[17] **A.**

[18] B. (110) Pour deffunct Tarot : vigiles et recommandaces, une
haulte messe et une basse ; Libera en la fin de ladite messe,
assignez sur vigne, maison couverthe de tuille, court et jardin,
cave et terre labourable contenant cinq arpens, dont est
detempteur Mery Charpentier. Tenant a deux chemeins tendant
dudit Saint Michel aux Bordes Cocheretz.

[[XII s. VI d. t.]]| *IX s. p.*

XXII s. VI d. t.*

1.2.3.4.5.*

[19] C.

[20] D. (111) Pour Guillemette Gaulmont, veufve de feu Jacques
Pellé : vigilles a neuf leçons, haulte messe assignees sur […].

IIII s. p.

X s. t.*

1.2.3.4.5.*

fol. 53

[21] E. SAINCT THOMAS.

[22] F.

[23] G. (112) Pour deffunct Jehan Le Moyne, de La Ville du Boys : vigiles et recommandaces, haulte messe, assignez sur troys quartiers et demy de terre assis audit Saint Michel, au lieu des Scentiers, dont est jouissant la veuve Gilles Clereau, demeurant a Paris, a cause de l'acquisission faicte par ung nommer Nicollas Roger, mary de ladite veuve Clerau, de Jehan Doublet. Tenant aux hoirs Ysambourct, aboutissant a la fontaine du carrefourt et d'aultre aux Scentier.

> [[X s. t.]]| *VIII s. p.*
> XVII s. VI d. t.*
> 1.2.3.4.5.*

[24] **A.**

[25] B. VIGILIA. NOEL. QUI A NOEL FUT NÉ.

[26] C. SAINCT ESTIENNE.

[27] D. SAINCT JEHAN EVANGELISTE.

fol. 54

[28] E. LES SAINCTZ INNOCENS.

[29] F.

[30] G. (113) Pour deffunct Pierre Penurier, de Guyperreulx : une messe basse, assignee sur ung quartier et demy de vigne, assis au lieu dudit Guyperreulx, au dit La barbe du Foiche, dont sont jouissant Mathurin Penurier et aultres heritiers dudit deffunct. Tenant a la veuve Jehan Penurier et d'aultre a Denis Gauguele, aboutissant a la ruelle tendant au guet Maleusant et d'aultre a Jehan Pinet.

> [[III s. t.]]| *II s. III d. p.*
> V s. t.*
> 1.2.3.4.5.*

[31] **A.**

(114) L'an mil cinq cent cinquante et quatre, j'ay reçu de Pierre Mercier comme marglier de ladite eglise pour les obits, messe sur le memento du curé Dabon, la somme de trente et deux livres cinq sols troys deniers tournois. Dudit Mercier n'ay recu que dix livres quatre sols neuf deniers tournois ; le surplus je l'ay reçu de Jacques Lambert.

Compte encores de cinq sols huit deniers tournois pour ladite somme.*

(115) L'annee mil cinq cens cinquante et cinq, les obits susdits monte a la somme de vingt et six livres huit sols dix deniers parisis, en y comprenant la messe et le memento de deffunct messire Jacques Dabon, pour laquelle annee mil cinq cent cinquante et cinq, Richard Boulard comme marglier doit au vicaire qui a dit les obitz la somme de trente et troys livres douze deniers tournois. Sur quoy soubz signé ay ladite somme soubz mon seing manuel cy mis l'an et jour que dessus.

(116) De Jacques Lambert comme marglier depuis le jour sainct Martin jusques au dix septieme jour de mars mil V^C L cinq, ay recu la somme de dix livres treize sols huit deniers.

[*Signé*] MICHAU

Item comprenant la messe et le memento dit *
depuis ledit jour saint martin jusques audit XVIIe mars.*

fol. 55

(117) LES RENTES DEUES A L'EGLISE SAINCT MICHEL, NOM SUBGECTE A OBIT ET PREMIEREMENT :

Art. 1. – Sur les maisons court et jardins qui estoient a Jehan Doublet, dont est a present detempteur Pierre Desnes, sergent a Montlhery. Tenant d'une part au lieu seigneurial de Laulnoy, aboutissant a la grant rue charges devers ladite eglise de six sols parisis pour la redission des comptes par feu Jehan Doublet l'aisné, rendu a ladite église.

VI s. p.

Art. 2. – Item la somme de six sols parisis de rente, assignez sur arpent et demy de terre assis au Noyers de Montaston, dont a présent sont détempteurs honneste personne Pierre Dynoy et Jacques Lambert et Denis Rousseau. Tenant a Guillaume Mittet a cause de sa femme, en premiere nopces femme de Jacques Rousseau, et d'aultre part a la vigne de deffunct Jehan Gallot l'aisné et aultres, aboutissant par bas a la voie tendant a la fontaine de Guillerville au rue.

VI s. p.

Art. 3. – Item la somme de troys solz troys deniers parisis sur ung quartier de vigne assis au chantier des Loges, dont est jouissant Jehan Ramon. Tenant a Jacques Le Grant et d'aultre part a la veufve et heritiers de deffunct Pierre Boille aboutissant d'un bout a la veufve Nicolas Bance.

III s. III d. p.

Art. 4. – Item la somme de quatre solz parisis sur ung quartier de vigne assis au chantier des Loges. Tenant a Jehan Ramon et d'aultre part a Jehan Julian, aboutissant a la veuve Nicolas Bance et d'aultre a Renez Le Tonnelier, le scentier entre deux, dont sont jouissant les heritiers Pierre Boille.

III s. p.

Art. 5. – Item la somme de quatre solz un denier parisis sur troys quartiers de vigne assis aux Couldrettes. Tenant a Germain Girard et d'aultre a Colas Pelé, aboutissant d'un bout a la voie du fourt et d'aultres bout a la veuve et heritiers feu Robert Herpin dont sont a present jouissant Pierre Pelé [fol. 56] et Marc Logre et Jehan Goconnier et aultres.

IIII s. I d. p.

Art. 6. – Item la somme de quatre solz parisis sur ung quartier de vigne assis au terroir de Longpont au champ Familleux. Tenant d'une part a [*blanc*] et d'aultre a [*blanc*], aboutissant a [*blanc*] dont a esté detempteur Pierre Tisserent, demeurant a Longpont.

III s. p.

Art. 7. – La somme de deux solz parisis sur ung quartier de terre assis au chantier des Gleszes. Tenant a la terre de la cure de Saint Michel, et d'aultre part aux hoirs feu Margueritte Gallot, veufve de feu Guillaume Chaulve, aboutissant aux hoirs de deffunct Guillaume Michau et d'aultre bout au chemein tendant a Chastres, dont est jouissant Pierre Mercier.

II s. p.

Art. 8. – Item la somme de quatre solz parisis sur une piece de vigne assise au chantier des Gastines, contenant [*blanc*]. Tenant d'une part a [*blanc*] et d'aultre part a [*blanc*] aboutissant par hault a [blanc] et d'aultre bout aux terres des hoirs feu maistre Geuffroy Le Maistre et aultres, dont sont detempteurs la veuve Nicolas Bance et Charles Bance son fils.

IIII s. p.

Art. 9. – Item la somme de troys solz deux deniers parisis sur l'heritage qui feut a deffunct Michel Boullard, près la Croix Bruissee. Tenant a la grand rue dont est jouissant Jehan Julian.

III s. II d. p.

fol. 57

Art. 10. – Item demy arpent de pré en la prarye dudit Saint Michel. Tenant au seigneur de Laulnoy, donné a l'église par deffuncte Perrette femme de Jehan Fontaine pour estre aux prieres dont le curé en a quatre solz parisis pour une messe haulte qui se dit au moys de mars.

Art. 11. – Item une aultre piece de pré en ladite prarye, contenant demy arpent et demy quartier une quarte. Tenant et aboutissant audit seigneur de Laulnoy tenant a l'aultre […] et part au curé, aboutissant a La Boille. Non subgect a obit mais prieres.

Art. 12. – Item cinq quartiers de terre assis a La Tiphoyne. Tenant aux hoirs feu Nicolas Bance et d'aultre part a [*blanc*] aboutissant au chemein tendant dudit lieu a Chastres et d'aultre bout aux prez.

Art. 13. – Item ung arpent en ce mesme lieu. Tenant a la veuve de feu Robert Herpin et d'aultre aux hoirs feu Nicolas Bance, aboutissant par hault a Guillaume Mittet a cause de sa femme et d'aultre bout au chemein tendant a Chastres. Pour les annees VᶜLII, LIII, LIIII, LV ont esté a trente six solz parisis pour arpent.

Art. 14. – [[Item la somme de sept solz six deniers parisis de rente assignez sur ung quartier et demy de vigne, assis derriere l'eglise au lieu appelé les Moynes blancs. Tenant aux hoirs Pierre Boille et d'aultre a Jehan Michau, aboutissant par bas aux hoyrs feu Nicolas Bance, dont a present est jouissant Jehan Julian.

[[VII s. VI d. p.]]

C'est pour l'obit messire Marin Gallot alibi in mense martii [1].i

Art. 15. – Item la somme de quatre solz parisis de rente, assignez sur neuf quartiers de terre assis audit lieu, au chantier dit Le Saulger, dont est a present détempteur Richard [Bou]llard. Tenant d'une part et d'aultre a Mᵉ Pierre Le Maistre, aboutissant a la voie des Dagrons et d'aultre bout au chemin tendant a la fontaine de Guillerville.

IIII s. p.

fol. 58

Art. 16. – Item la somme de sept solz six deniers tournois sur ung quartier de vigne assis en Culfroyt, dont est jouissant Colas Pelé. Tenant a Antoine Le Noir.

VII s. VI d. t. — C'est pour la messe de curé Dabon.

---

1.   Le 11 mars (33).

Art. 17. – Item la somme de cinq solz tournois sur ung quartier de vigne assis en Culfroyt. Tenant a Colas Pelé dont et jouissant Antoine Le Noir.

V s. t. — C'est pour la messe du curé Dabon.

Art. 18. – Item la somme de cinq solz tournois sur ung quartier de vigne. Tenant a Charles Bance, dont est jouissant Jacques Lambert.

V s. t. — C'est pour la messe du curé Dabon.

Art. 19. – Item la somme de vingt solz tournois sur ung arpent de vigne, dont sont jouissans Charles Bance et la veuve Robert Herpin. Tenant a Mery Charpentier.

XX s. t. — C'est pour la messe du curé Dabon.

Art. 20. – Item la somme de dix solz tournois sur demy arpent de vigne. Tenant a Mery Charpentier, dont est jouissant Denis Chantecler et aultre.

X s. t. — C'est pour la messe du curé Dabon.

Art 21. - Item la somme de dix solz tournois sur demy arpent de vigne, dont est jouissant Mery Charpentier. Tenant a Denis Chantecler.

X s. t. — C'est pour la messe du curé Dabon.

Art. 22. – Item la somme de cinq solz tournois sur ung quartier de vigne. Tenant a Loys Locart et aultres, dont est jouissant Jacques Lambert.

V s. t. — C'est pour la messe du curé Dabon.

Art. 23. – Item la somme de quinze sols tournois sur troys quartiers de vigne. Tenant a Jacques Lambert d'une part et d'aultre, dont est jouissant Loys Locart et aultres.

XV s. t. — C'est pour la messe du curé Dabon.

fol. 59

Art. 24. – Item la somme de dix solz tournois sur demy arpent de vigne. Tenant a la veuve Herpin, dont est jouissant Estienne Petit.

X s. t. — C'est pour la messe du curé Dabon.

Art. 25. – Item la somme de cinq solz tournois sur ung quartier de vigne, dont est jouissant Denis Rousseau. Tenant a Robert Gilles Faulconnier.

V s. t. — C'est pour la messe du curé Dabon.

Art. 26. – Item la somme de cinq solz tournois sur ung quartier de vigne. Tenant audit Rousseau, dont est jouissant ledit Gilles Faulconnier.

V s. t. — C'est pour la messe du curé Dabon.

Art. 27. – Item la somme de seize sols troys deniers tournois sur troys quartiers et demye quarte de vigne. Tenant d'une part et d'aultre a Jehan Jullian, dont est jouissant Martin Bourdessolle.

> XVI s. IIId. t. — C'est pour la messe du curé Dabon.

Art. 28. – Item la somme de treize solz neuf deniers tournois sur demy arpent troys quartiers de vigne. Tenant a Martin Bourdessolle, dont est jouissant Jehan Jullian.

> XIII s. IX d. t. — C'est pour la messe du curé Dabon.

Art. 29. – Item la somme de cinq solz tournois sur ung quartier de vigne. Tenant audit Bourdessolle, dont est jouissant la veuve Tartarin et aultres.

> V s. t. — C'est pour la messe du curé Dabon.

Art. 30. – Item la somme de cinq solz tournoys sur ung quartier de vigne. Tenant au chemein de Corbueil, dont est jouissant Jehan Jullian.

> V s. t. — C'est pour la messe du curé Dabon.

Art. 31. – Item la somme de dix solz tournois sur demy arpent de vigne pres ledit chemein de Corbueil, dont est jouissant Pierre Pelé et aultres.

> X s. t.

fol. 60

Art. 32. – Item la somme de quatre solz quatre deniers obole tournois sur troys quartes et demye de vigne. Tenant a Nicolas Le Longt, dont et jouissant Denis Rousseau.

> IIII s. V d.t. — C'est pour la messe du curé Dabon.

Art. 33. – Item la somme de dix huit deniers tournois sur une quarte et la cinqiesme partye d'une quarte. Tenant a Denis Rousseau, dont est jouissant Nicolas Le Longt.

> XVIII d. t. — C'est pour la messe du curé Dabon.

Art. 34. - Item la somme de vingt deux deniers obole tournois sur une quarte et demye de vigne. Tenant a Nicolas Le Longt, dont est jouissante la veuve Guillaume Sogeron.

> XXII d. obole t. — C'est pour la messe du curé Dabon.

> 8 £. 3 d. t

ANNEXE

PROJET DE RÉDUCTION DES OBITS EN 1715

Arch. dép. de l'Essonne 1 J 203

Le document, en très mauvais état, contient également la supplique de la paroisse et la nomination du curé de Saint-Vrain. Nous avons complété le texte du projet de réduction des obits, très lacunaire, à l'aide du procès verbal rédigé par le curé de Saint-Vrain, commis par l'archevêque de Paris pour mener à bien l'opération de réduction, le 16 août 1715.

Ce jour, 25 7bre 1715, en vertu [± *55 mm détruits*] Mr le cardinal de Noailles, archevêque de Paris, du 16 aoust 1715, cy-joint, nous Nous soussigné Le Marquant, curé de St Vrain, promoteur rural du doyenné de Montlhery, déclarons avoir vu et examiné les titres, contracts et mémoires de l'église de St Michel sur Orge et l'ancien nécrologe les revenus de la fabrique et y avons trouvé beaucoup d'obscurité et peu d'ordre pour pouvoir régler avec justesse un nécrologe. Le tout communiqué à monsieur le curé, aux marguilliers, sindic et habitans. Nous sommes convenus qu'à l'avenir on suivra en ladite église de St Michel l'ordre cy après marqué tant pour les anciens obits que pour les nouveaux selon qu'il plaira à son Éminence d'en ordonner.

Les anciens obits [1].

1. Une messe basse pour Jeanne Basille et Marie Boulard.

2. Une messe basse pour Jeanne La Salhaudine.

3. Une messe basse pour Nicolle Bourgeron, Michel Pasquier, Guillaume [...], Jean Michau et Cosme Gouteray.

---

1. Sur les 117 noms cités ici, 96 se retrouvent dans l'obituaire.

4. Une messe basse pour Nicolle Isambert [1].

5. Une messe basse pour Margueritte Herpin, Jean Maurice, Michel Didière.

6. Une messe basse pour Pierre, Richard, Michel, Guillaume et Marie.

7. Une messe basse pour Jean Charpentier, Jean Gallot, et Jeanne Loriflant.

8. Une messe basse pour Abraham Cagnet [2].

9. Une messe basse pour Pierre et Guillaume Loriflant, Philippe Groget [3] et Denise Le Grand [4].

10. Une messe basse pour Perrette, Jean Boile et Pierre Cordeau.

11. Une messe basse pour Pierre Gallot et Jean Lemoine.

12. Une messe basse pour Jeanne Gallot et Jacqueline de La [...] [5].

13. Deux messes basses pour messire Jacques Dabon.

14. Une messe basse pour Pierre, Richard, Michel, Girard, Marie Boullard.

15. Une messe basse pour Cosme Chanteclerc et Guillaume [...].

16. Une messe pour Robin Pelé.

17. Une basse messe pour Pierre Mercier et Nicolle Chauve.

18. Une messe basse pour Jeanne, Marie Girard et Gervais Baraguer.

19. Une messe basse pour Guillaume et Jeanne Gallot et Jeanne Clignet.

20. Une messe basse pour Pregente Pelé, Jean Michau, Jean Adam, Jeanne Baraguer, Guillemette Garmont [6], et Jeanne Sirans [7].

21. Une messe basse pour Denis Rousseau, Mathurinne Monbert [8] et Roulet Gallot.

---

1. Ysambourct dans l'obituaire, 21, 29.
2. Absent de l'obituaire.
3. Gorgette dans l'obituaire, 30, 37.
4. La grand dans l'obituaire, 30, 37.
5. Peut-être La Chaize, 45.
6. Guillemette Gaulmont dans l'obituaire, 111.
7. Serans dans l'obituaire, 73.
8. Mathurin Chambart dans l'obituaire, 51.

22. Une messe basse pour Michel Gallot, Jeanne Basile, Michel Boulard, Guillaume Isambourg et Robin Chatelin [1].

23. Une messe basse pour Roullet Gallot, Guillaume Gallot, Guillaume Michau, Perrette Cordeau.

24. Une basse messe pour Perinne Adam, Jeanne Basile et André Gallot.

25. Une messe basse pour Jean Doublet et Pregente Chauve et Marc Logre.

26. Une messe basse pour Jeanne La Salhaudine.

27. Une messe basse pour Izaac Gallot et Catherine [...].

28. Une messe basse pour Jean, et Rouline Aubry.

29. Une messe basse pour Jeanne Baraguer, Simon [...], Jean Pelé.

30. Une messe basse pour Parvet Cordeau, Damien [...], Marguerite Baraguer, Pierre Penurier.

31. Une messe basse pour Louis Banse, trouvé au 2e livre des comptes, page 220, le 19 may 1716.

32. Une messe basse pour Denise Brisonet et Hubert Loriflant.

33. Une messe basse pour Marin Gallot, Jeanne Gallot, Jean Pelé et Denise Boutet.

34. Une messe basse pour Jean et Gillette Michau.

35. Une messe basse pour Jeanne et Michel et Philippe Loriflant.

36. Une messe basse pour Hubert Michau et Jeanne Gallot.

37. Une messe basse pour Jean Pelé et Nicolas Bance.

38. Une messe basse pour Jeanne Le Grand, Jeanne Charpentier et Guillaume Michau.

39. Une messe basse pour Colette Loriflant et Guillemette de Landre [2].

40. Une messe basse pour Pierre Barot, Guillaume Charpentier, et Olinte Pelé, Marie Hartage.

41. Une messe basse pour Nicolas Herpin et Jeanne La Salaudine.

42. Une messe basse pour Laurence Jadin [3].

---

1. Chastelin dans l'obituaire, 94.

2. Leaulne dans l'obituaire, 105.

3. « jadis femme Jean Maucouvent » dans l'obituaire, 61, 102.

43. Une messe haute vigiles a neuf leçons pour ladite Laurence Jadin.

44. On est en usage de chanter tous les dimanches au retour de la procession qui se fait avant la messe le repond « Ne recorderis », le « De Profondis »et l'oraison pour messire Simon George curé dudit St Michel qui paroit avoir laissé 5 quartiers de prés à l'église et à la cure pour faire mémoire de luy a l'autel tous les dimanches.

Note

45. Tous les noms cy dessus ont esté copiés et tirés d'un ancien nécrologe fait en 1554, qui est fort obscur et fort embrouillé, auquel les messes montoient au nombre d'environ 92 hautes et basses pour lesquelles il paroit que le curé n'avoit que 7 sols, pour les messes hautes ou 9 sols et pour les messes basses 2 sols six deniers, quelquefois 3 sols ou 3 sols et demi. Lequel nombre de 92 messes nous croyons devoir être réduit à 41 messes basses et un service à 9 leçons. Le tout cy dessus marqué n° 43. La plus grande partie des fonds ne subsistants plus ou moins en nature, ce qui fait qu'on ne peut connoitre ceux qui sont tout à fait perdus d'avec ceux qui auroient été remboursés par la suite et qui auroient esté remplacés par les marguilliers et qui sont confondus parmi d'autres rentes dont la fabrique jouit aujourd'hui sans que l'on en connoisse l'origine.

NOUVELLES FONDATIONS

46. Trois messes basses pour Claude Le Dour et Marie Bouge : 2 £. 5 s. pour la cure et 3 £ . pour l'église.

47. Quatre messes basses pour Gilles Besnard et Catherine Charpentier sa mère.

48. Une basse messe le jour Saint Leu pour Michel Danne et Jeanne Charpentier : 2 £, moitié à l'église, moitié à la cure.

49. Trois messes basses pour messire Remond Pelaine: 5 £ en tout.

50. Une messe basse pour Jean Charpentier : 1 £ 10 s.

51. Deux messes basses pour Françoise Mauclerc avec la messe haute cy après 5 £ 10 s.

52. Une messe basse pour Xainte Trousseau.

53. Deux messes basses pour Pierre Trousseau et Denise Javot.

54. Deux messes basses pour Nicolle Mercier.

55. Deux messes basses pour Martin Charpentier et Jeanne Chaussette [1].

56. Une messe basse pour Louise Argenvillier.

57. Quatre messes basses pour Jean Rousseau, Jean [...] et Vincent Hargenvillier.

58. Une messe basse pour Charles Bance.

59. Une messe basse pour Robert Herpin et Guillemette [...].

60. Une messe basse pour Claude Danne et Jeanne [...].

61. Deux messes basses pour Louis Seuvrier et Barbe Sagein : trois quartiers de terre evaluées 3 £.

62. Quatre messes basses pour Louise Danne et Pierre Brement : un arpent de terre, 6 £.

63. Trois messes basses pour Charles Bance.

64. Quatre messes basses pour Thomas Pavie.

65. Quatre messes basses pour Pierre de la Forest : 6 £ 10 s.

66. Quatre messes basses pour Marie Aboilard [2] : 7 £.

67. Quatre messes basses pour Vincent Argenvillier et Jeanne de Saint Amour : 6 £.

68. Une messe basse pour Perinne Adam et Guillaume Jullien.

69. Deux messes basses pour Henry Charpentier.

70. Une messe basse pour Pierre Robin [3].

71. Deux messes basses pour Pierre Lejard, Anthoine Chodeau et sa femme.

72. Quatre messes hautes vigilles à 3 leçons pour Robert Salais et Perrette Isambourg : 8 £ en tout.

73. Quatre messes hautes vigilles à 3 leçons pour Hierosme Descamin [4] : 8 l. en tout.

---

1. Ensevelie le 19 août 1662.

2. Femme de François Chantecler, ensevelie dans l'église, le 3 mai 1655 ?

3. Fils de Denis, mort à 35 ans 2 mois et enseveli dans l'église le 17 mars 1665. Au moment de sa mort, « marguillier de l'oeuvre et fabrique ».

4. Seigneur de Launoy, bienfaiteur de l'église.

74. Trois messes hautes vigiles à 3 leçons pour Marie Fauconnier : 6 £ en tout.

75. Une messe haute vigiles à 3 leçons pour Pierre Pinoteau et Anne Goix 2 £ 10 s. en tout.

76. Trois messes hautes pour Jean Bance et Louise Malrault : 5 £.

77. Une messe haute pour Françoise Mauclerc avec vigiles à 3 leçons : 5 £ 10 s.

78. [...] saluts dans l'octave du tres Saint Sacrement et à la fin du dernier, le « Libera », « De Profundis » et oraison pour Clement Charpentier et Guillemette Pinet.

79. Cinq processions aux cinq festes de la Vierge en chantant les litanies avec l'oraison et à la fin de chacune le repond « Ne recorderis », le « De Profundis » et l'oraison pour les susdits Clement Charpentier et Guillemette Pinet.

80. Deux « De Profundis » le Jeudy Saint, l'un pour Robert Palais qui a donné 30 s. de rente pour le vin et les échaudés, l'autre pour George Seuvrier qui a laissé 25 sols pour la meme chose.

81. Le nombre des messes du present nécrologe de cent une messe basse et de 14 messes hautes avec vigiles à 3 leçons et trois sans vigiles avec les autres fondations en donnant à monsieur le curé 5 sous pour les messes basses parce qu'il fournit le pain et le vin, vingt sols pour les messes hautes seulement et 30 sols pour les messes avec vigiles à trois leçons. La retribution montera à la somme de 123 £ qui valent cinq quartiers de pré et trois arpents et demi et demi quartier de terre qui ont été abandonnés il y a plus de 60 ans aux curés au lieu de la somme de 60 £ que l'Église donnoit pour acquiter les fondations outre une pareille quantité de prés et terres dont les curés jouissoient valant aussy 30 £ font en tout 120 £.

82. Le tout accordé entre les curés, marguilliers, sindic et habitants de ladite paroisse sous le bon plaisir de son Éminence.

(Original sur 4 rolles de papier signé Rebut curé, des marguilliers de Saint Michel de plusieurs habitants et de Marquant, curé de Saint Vrain

Ledit original lacéré en quelques parties et néammoins lisible dans les endroits les plus essentiels).

[SIGNÉ] Simon GILLET, marguillier en charge, PREVOST, Pierre DANNE, MEUNIER, DANNE, segond margrelier, Paul Jean BOURGERON, PILAT, [Chan...], R. DANNE, PAVIET, Jean Baptiste LOGRE, CLEDOUR, A. L. HARGENVILLIER, LA MARTINIERE, CHARPENTIER, LAURENS [...], Antoine CHARPENTIER, Gabriel PINOTEAU, HERPIN, LE MARQUANT, curé de Saint Vrain

    [...] n'a point été exécuté parce que le secrétaire de son Éminence Monseigneur le cardinal de Noailles y a fait quelque difficulté. Voyant que je m'étois donné bien des peines pour cela sans réussir je me suis rebutté et j'en ay abandonné la poursuite et me suis contenté d'aquitter les fondations à ma conscience, suivant le nécrologe qui est dans la sacristie. Je fais cette remarque pour mes successeurs, ils en feront l'usage qu'ils jugeront à propos.

TABLES

TABLE DES NOMS DE PERSONNE ET DE LIEU

Nota. Les noms de personne et de lieu inscrits dans l'obituaire du XVIe siècle sont indexés à leur numéro de notice ; ils sont éventuellement suivis du numéro de leur notice dans la tentative de réduction de 1715 (n°...). En raison de la date tardive de rédaction de l'obituaire, les personnes sont classées à leur nom de famille ; seules les femmes désignées par leur prénom figurent sous celui-ci.

Bordes Cocherets (Les), (l.-d., c^ne de Saint-Michel) [1], 96, 110.

Bouge Marie, femme Claude Le Dour, n° 46.

Boullard Guillaume, 40, n° 6.

— hoyrs, 44.

— Marion, 14, n° 1, n° 14.

— Michel, 89, 117 (art. 9), n° 6, 22.

— Pierre, 87, n° 6.

— Richard, 20, 28, 37, 64, 66, 67, 80, 87, 103, 115, n° 6.

Bourdessolle Martin, 117 (art. 27, 29).

Bourdon Jehan, 66.

Bourgeron Barbe, 108.

— Nicole, 11, n° 3.

Boutet Denise, 81.

Brement Pierre, n° 62 ; – voir Louise Danne.

Bretigny, 91. — Brétigny-sur-Orge.

Brétigny-sur-Orge (Essonne, ch.-l. de c^on). — Bretigny.

Brissonnet Mathurin, 41 ; – sa femme, voir Denise.

Brosset Pierre, 92.

C

Chambart Mathurin, 51, n° 21.

Chantecler Cosme, 25, n° 15.

— Damian, 25.

— Denis, 6, 38, 104, 106, 117 (art. 20, 21).

Charpentier Catherine, mère de Gilles

Besnard, n° 47.

— Guillaume, 48, 105, n° 40.

— Jean, n° 50.

— le jeune, Jehan, 6, n° 7.

— le jeune, Guillaume, 91, 108.

— Henry, n° 69.

— Jeanne, n° 48, voir Michel Danne.

— Martin, n° 55.

— Mery, 6, 22, 46, 52-53, 96, 110, 117 (art. 19, 21).

— Parvet, 105 ; – sa femme, voir Leaulne, Guillemette.

Charpentier l'aisné, Jehan, 106 ; – sa femme, voir Jehanne.

Charpentiet Clément, n° 78 ; – voir Guillemette Pinet.

Chastelier, Chastellier Jehan, 42.

— Robin, 94, n° 22.

Chastres , 17, 18, 20, 61, 117 (art 7, 12, 13). — (auj.) Étampes.

Chaulve Geuffroy, 3, 75.

— Guillaume, 117 (art. 7).

— Prégente, 75, n° 25.

Chaussette Jeanne, n° 55 ; – voir Martin Charpentier.

Cherpentier, voir Charpentier.

Chodeau Anthoine, n° 71.

Clereau Gilles, 112.

Clignet Jehanne, 71, n° 19.

Colette femme Hubert Loriflant, 103, n° 39.

Constant Jehan, 108.

Corbeil-Essonnes (Essonne, ch.-l. de c^on). — Corbueil.

Corbueil, chemin de, 117 (art 30). —

---

1. Au sud-est du bois des Roches, cf. la *Carte des terres... de Saint-Michel* : « Fief des bordes Hachet ou Cocherets ».

---

2. « La croix brisée sous Rozière », au sud du village, sur la *Carte des terres... de Saint-Michel*.

3. Dite « des Dragons » au XVIIIe siècle. Voir les *Cartes des terres... de Saint-Michel*, au sud de l'église, rejoignant la route de Montlhéry à Corbeil.

— l'aisné, Jehan, 10, 44, 79, 117 (art. 32) , n° 7.

— le jeune, Jehan, 63.

— Jehanne, 24, 49, 76, 96, n° 12, n° 19, 33, 36.

— Marguerite, 117 (art. 7).

— Marin, 33, n° 33.

— Michel, 63, 78, n° 22.

— Roullet, 53, 65, n° 21 ; – sa femme, *voir* Ondinne.

GALOPIN Pierre, 94, 100.

GASTINEAU Jehan, 83.

Gastines (Les) (l.-d., c^ne de Saint-Michel), chantier, 9, 117 (art. 8).

GAUCONNIER, *voir* GOCONNIER.

GAUGUELE Denis, 113.

GAULMONT Guillemette, 111, n° 20.

GEORGE Symon, 79, n° 44.

GIRARD Germain, 42, 115 (art. 5).

— Jehanne, 42, n° 19.

— Marion, 48, 108, n° 19.

Glezes, (l.-d., c^ne de Saint-Michel), chantier, 117 (art. 7).

GOCONNIER Jehan, 45, 67, 81, 87, 117 (art. 5).

GOIX Anne, n° 75 ; – *voir* Pierre PINOTEAU.

GOUTERAY Cosme, 19, n° 3.

GORGETTE Philippe, 30, 37, n° 9.

Grouettes (l.-d., c^ne de Saint-Michel), 42, 108.

Guillerville, fontaine (l.-d., c^ne de Montlhéry), 117 (art. 2, 15).

Guiperreux (*Guiperreux*, Essonne, c^ne de Linas), 52, 61, 102, 113.

H

HALONNI Nicolas, 21 ; – sa femme, *voir* Nicolle ISAMBOURCT.

HALOUAN Nicolas, 29, n° 41.

HARDI Michel, 69.

HARGENVILIER Vincent, n° 57.

HERPIN l'aisné, Michel, 85.

— Jean, 64.

— le jeune, Michel, 83.

— Marguerite, 2, 3, n° 5.

— Robert, 77, 83, 106, 117 (art. 5, 13, 19), n° 59.

—, veuve, 67.

HURE Adam, 8 ; – sa femme, *voir* Alizon.

I-J

ISAMBOUG Perrette, n° 72 ; – *voir* Pierre PALAIS.

YSAMBOURCT Guillaume, 92, n° 22.

—, hoirs, 112.

— Nicolle, 21, 29, n° 4

Jacquelot, veuve Jehan de LA CHAIZE, 45, n° 12.

JAVOT Denise, n° 53 ; – *voir* Pierre Trousseau.

Jehanne, veuve Jean CHARPENTIER ainé, 106, n° 38.

Jehanne, femme Balthazard GALLOT, 44.

JORI Robert, 18.

JULLIAN, JULIAN Jehan, 1, 11, 14, 33, 38, 40, 67, 79, 87, 89, 117 (art 4, 9, 14, 27, 28, 30).

JULLIEN Guillaume, n° 68 ; – *voir* Perinne ADAM.

L

La Forest, Pierre de, n° 64.

La Salhadine, La Saladine, La Salhaudine Jehanne, 8, n° 2, 26, 41.

Lagrand Damianne, 83.

— Denise, 30, 37, n° 9.

Lambert Jacques, 52, 64, 65, 101, 114, 116, 117 (art. 2, 18, 22, 23).

Lamy Cosme, 36.

Laulnoy, Launay (l.-d., c^{ne} de Saint-Michel) [4], 19, 51, 61, 117 (art. 1, 10-11) ; – bois, 95 ; – château, 8 ; – maison, 5.

Laulnoy, seigneur de, 16, 35, 42, 51.

Laurence, femme Jehan Maucouvent, 61, 102, n° 42, 43.

Leaulne Guillemette, veuve Parvet Charpentier, 105, n° 39.

Le Dour Claude, n° 46 ; – sa femme, *voir* Bouge Marie.

Le Grant Jacques, 117 (art. 3), n° 38.

Le Haulx Jehan, 20.

Le Longt Nicolas, 63, 70, 75, 117 (art. 32-34).

Le Maistre Geuffroy, 103, 117 (art. 8) ; – Pierre, 117 (art. 15).

Le Moyne Jehan, 112, n° 11.

Le Noir Antoine, 88, 109, 117 (art. 16-17).

Le Roux Jehan, 100.

Le Tonnelier Renez, 62, 117 (art. 4).

Lechere Hubert, 9.

Leheulx Jehan, 61.

Lejard Pierre, n° 71.

Lerou Toussaint, 95.

Locard, Locart Lois, Loys, 7, 26, 38, 66, 67, 73, 87, 91, 117 (art. 22-23).

Loges (Les), (l.-d., c^{ne} de Saint-Michel), chantier, 26 33, 38, 50, 66, 101, 117 (art. 3).

Logre Marc, 117 (art. 5), n° 25.

Longjumeaux (Essonne, ch.-l. de c^{on}). — Longjumel.

Longjumel, 41. — *Longjumeaux*.

Longpont, 62, 69, 117 (art. 6). — *Longpont-sur-Orge*.

— chemin de L~, au Plessis, 92.

Longpont-sur-Orge (Essonne, c^{on} de Montlhéry). — Longpont.

Loriflanct Guillaume, 28, 37, n° 9.

— Hubert, 30, 37, 72, 76, 79, 82, 103, n° 32 ; – sa femme, *voir* Colette.

— Jean, 9.

— Jehanne, 64, n° 7, 35.

— Phelipe, 90, n° 35.

— Pierre, 9.

M

Maleusant, (l-.d., à Guiperreux, c^{ne} de Linas), guet, 113.

Malrault Louise, n° 76, *voir* Jean Bance.

Marcoussis, 41. — *Marcoussis*.

Marcoussis (Essonne, c^{on} de Montlhéry). — Marcoussis.

Mareschal Robert, 36.

Marguerite, femme Gervais Barraguer, 84.

Martin Denis, 43.

---

4. Aulnay, sur les *Carte des terres ...* de *Saint-Michel*.

— Jehan, dit Cordeau, 24.

MAUBERT Fiacre, 62, 82.

MAUCLERC Françoise, n° 51, 77.

MAUCOUVENT Jehan, 61, 102 ; – sa femme, *voir* Laurence.

— Mathurine, 52.

MAZALLON Guillaume, 67.

MEUNEAU Pierre, 101.

MERCIER Nicolle, n° 54.

—, Pierre, 23, 53, 63, 70, 114, 117 (art. 7), n° 17.

MESNIER Symon, 48.

Meurgiers (Les) (l.-d., cⁿᵉ de Saint-Michel), 1.

MEUSNIER, MUSNIER Robert, 94, 100.

MICHAU Gillette, 91, n° 34.

— Guillaume, 31, 68, 93, 107, 117 (art. 7), n° 23, 38 ; – sa femme, *voir* Artage.

— Hubert, 2, 3, 46, 65, 67, 81, 83, 87, 91, 95, 97, n° 36.

— Jean, 13, 33, 50, 68, 80, 97, 117 (art. 14), n° 3, 20, 34.

— l'aisné, Jehan, 4, 91.

— Robert, 4, 80.

MICHAULT, héritage, 27, 34.

MICHEL Jehanne, 104.

MITTET Guillaume, 18, 20, 69, 117 (art. 2, 13).

Montaston, Montaton (Les Montatons, l.-d., cⁿᵉ de Saint-Michel), 22, 28, 49, 69.

Montlhery, 7, 15, 73, 83, 117 (art. 1). — *Montlhéry*.

Montlhéry (Essonne, ch.-l. de cᵒⁿ). — Montlhery.

MOREAU Gounyn, 52.

— Mathurin, 49.

MORICE Jean, 5, n° 5.

Moynes blancs (Les) (l.-d., cⁿᵉ de Saint-Michel), 117 (art. 14).

N

Noyers, Noyers de Montaston (Les) (l.-d., cⁿᵉ de Saint-Michel), 10, 117 (art. 2).

Nozay, 43. — *Nozay*.

Nozay (Essonne, cᵒⁿ de Montlhéry). — Nozay.

O

Olint, femme Jehan PELÉ ainé, 109, n° 40.

Ondinne, femme Roullet GALLOT, 65.

Orge, prairie de l', (l.-d., cⁿᵉ de Saint-Michel), 16.

P

PALAIS Robert, n° 72, 80 ; – *voir* Perrette ISAMBOURG.

Paris, 112. — *Paris*.

Paris (ch.-l. de dép.). — Paris.

PASQUIER Michel, 20, 71, n° 3.

PAVIE Thomas, n° 64.

PELAINE Raymond, n° 49.

PELÉ, PELLÉ l'aisné, Jehan, 86, 98, 109, n° 33, 37 ; – sa femme, *voir* Olint.

— Colas, 22, 31, 45, 104, 117 (art. 5, 16-17).

— le jeune, Jehan, 66, n° 29.

— Nicolas, 23, 66, 80, 82, 86, 95, 98,

TABLE DES PLANCHES

TABLE DES MATIÈRES